송인규 지음

A Christian Life of the Self

자아가 자아를 엿보다

생명의말씀사

자아가 자아를 엿보다

ⓒ 생명의말씀사 2008

2008년 5월 15일 1판 1쇄 발행
2008년 7월 15일   3쇄 발행

펴 낸 이	김창영
펴 낸 곳	생명의말씀사
등 록	1962. 1. 10. No.300-1962-1
주 소	110-101 서울 종로구 송월동 32-43
전 화	(02)738-6555(본사), (02)3159-7979(영업부)
팩 스	(02)739-3824(본사), 080-022-8585(영업부)
저 자	송인규
기획편집	박혜주, 이은숙
디 자 인	오수지, 임수경
제 작	신기원, 오인선, 홍경민
마 케 팅	이지은, 선승희, 박혜은
영 업	박재동, 김창덕, 김규태, 이성빈, 김덕현, 황성수
인 쇄	영진문원
제 본	정문바인텍

ISBN 978-89-04-09044-0(03230)

저작권자의 허락없이 이 책의 일부 또는 전체를
무단 복제, 전재, 발췌하면 저작권법에 의해 처벌을 받습니다.

자아가 자아를 엿보다

목차 *A Christian Life of the Self*

- 추천사 · 6

- 서문 · 8

Part I. 나의 나 됨을 돌아보다
: 균형잡힌 자아관의 형성

1장 | 자아와 자기 사랑 · 20
2장 | 자아상 · 33
3장 | 자기 사랑과 이웃 사랑 · 48

Part 2. 스스로를 다스리다
: 바람직한 자아관

- **4장** | 자기 부인 · 64
- **5장** | 자기 성찰 · 79
- **6장** | 자기 절제 · 94
- **7장** | 자기 실현 · 110

Part 3. 스스로 치우치다
: 바람직하지 않은 자아관

- **8장** | 자기 비하 · 128
- **9장** | 자기 연민 · 146
- **10장** | 자만 · 161
- **11장** | 자기 도취 · 177
- **12장** | 자기 기만 · 195

추천사

이 시대를 '자기만 아는 세대'(me-generation)라 칭합니다. 우리는 이기적 자아의 과잉시대를 살아가고 있습니다. 그런데 어찌된 일인지 자아는 여전히 실종 상태입니다. 자아를 찾는 모험과 실험은 계속되고 있지만 자아는 실종신고를 낸 채 오리무중인 듯합니다.

예수를 만난 그리스도인들은 '그리스도 안에서 새 피조물됨'을 고백합니다. 옛 자아는 죽었고, 새 자아를 얻었다고 고백합니다. 그러나 이 고백을 하면서도 여전히 방황하는 가장 큰 이유는 자아의 이해 문제 때문입니다. 자아긍정과 자아부정의 신학의 대립도 이 방황에 기름을 붓습니다.

송인규 교수님이 이런 방황에 길잡이를 자원하셨습니다. 그의 안내는 매우 성경적이면서도 상식적입니다. 그래서 우리는 안심하고 그의 안내를 따를 수가 있습니다. 정곡을 찌르는 그의 명쾌한 논리를 따르다 보면 어느 새 우리의 자아는 제 자리를 찾게 될 것입니다.

이 한 권의 책으로 자신의 자아를 새롭게 발견하는 이들의 간증이 넘쳐, 한국 교회 성도들의 성숙함이 한층 업그레이드될 큰 기대를 안고 이 책을 이 땅의 모든 성도, 각 교회의 필독 도서로 추천합니다.

이동원 목사(지구촌교회)

서문_자아 탐사를 시작하며

'자아'는 마치 눈과 같다. 눈을 통해 모든 사물을 보지만 눈 자체를 의식하지는 않듯이 우리의 모든 행동은 자아를 통해서 이루어지지만 누구도 매순간 자아를 의식하지는 않는다.

그러나 가끔 눈에 문제가 생기면 안과에 찾아가 진찰을 받아야 한다. 자아도 마찬가지여서 종종 자아의 상태를 점검해야 할 때가 있다. 무엇보다도 자아가 자신을 어떻게 인식하고 있는지, 하나님과 이웃과의 관계에서 자아가 스스로에게 어떤 위치를 부여하고 있는지, 자신의 모습이 드러나는 행위나 태도와 관련하여 자아가 어떻게 반응하는지 등을 점검해 봐야 한다.

'자아'에 대해 제대로 아십니까?

서양에서는 벌써 몇 백 년 전부터 자아를 학문적으로 연구하기 시작했다. 물론 어떤 때는 '자아' 대신 '마음/지성'(mind), '영혼'(soul/spirit) 등 다른 용어들을 사용하기도 했다. 그러나 인간 안에 자의식을 제공하는 불변의 실체가 존재한다는 의미에서는 이 용어들을 서로 바꾸어 사용할 수 있다. 그러므로 본격적으로 자아에 대한 연구가 이루어진 것은 17세기부터라고 해도 크게 문제 되지 않을 것이다.

철학에서는 '심신의 문제'(the mind-body problem)라는 주제를 데카르트(René Descartes, 1596-1650)로부터 현재에 이르기까지 부단히 연구해 왔다. 물론 그 과정에 실체로서의 자아를 부인하는 일도 많았다. 심리학 초창기인 19세기 중반에는 '자아'를 주로 부정적 시각에서 취급했다. 그러다가 20세기 중반에 들어서면서 그보다는 긍정적으로 생각이 바뀌었다.

신학에서는 '자아'에 대해 서로 다른 두 방향에서 관심을 보였다. 하나는 20세기 중반부터 시작된 목회 상담학이나 기독교 심리학 분야에서 연구를 거듭하면서 생겨났다. 또 하나는 심리 철학과의 접촉에서 생긴 것으로 전통 신학은 이 괴물과 더불어 30여 년 전부터 씨름을 벌이고 있다.

그렇다고 그 이전에는 자아에 대한 탐구를 하지 않았다고 생각해서는 안 된다. 이미 고대 희랍 사회나 중세에도 '자아'와 관련된 다양한 주제들을 다루었다. 단지 학문적이고 전문적인 차원의 연구가 아니었을 뿐이다. 구약의 종교나 유대교에서도 마찬가지였다. 하나님 앞에서 자신을 살피고 자기 내면의 문제를 다루어야 하는 성격의 종교이기 때문에 자아 및 그와 연관된 주제가 거론되지 않을 수 없었던 것이다.

그런데 왜 한국의 그리스도인들에게는, 21세기의 벽두인 이 즈음에 이처럼 '자아'의 문제가 마치 전혀 새로운 주제인 양 다가오는 것일까? 적어도 세 가지 맞물린 이유가 있다. 첫째, 개인주의적 성향이 심화되면서 자아에 대한 관심을 지나치게 부추겼다. 한국은 전통적으로 공동주의적 사회였고, 1980년대 초반까지만 해도 그랬다. 그러나 그 이후 30년 동안 한국인의 의식과 삶은 개인주의 정신을 바탕으로 엄청나게 탈바꿈했다. 개인주의를 "인간의 인식・판단・결정・실행에 있어서 각 개인이 주체와 중심이 되는 가치 체계"라고 정의할 때, 한국인들은 이와 같은 서구 풍조에 급격히 동화된 것이라고 할 수 있다.

개인주의적 성향의 활성화는 곧장 자아에의 관심으로 연결이 된다. 물론 과거의 공동주의적 전통에서도 자아의 활동과 행태에 관심이 있었다. 그러나 자아에의 관심이 이처럼 당연시되고 널리 파급된 것은, 개인주의의 보편화가 가장 큰 밑거름이 된 듯싶다. 사실 말로 표현해 봐도 '우리 자아'라는 말은 어색하고 이상하다. '우리 엄마', '우리 학교', '우리 장난감' 등과 같이 다른 대상을 가리키면서 '우리'라는 표현을 쓸 때와는 전혀 다르다. '나의 자아.' 이 말이 훨씬 자연스러운 것처럼, 개인주의적 성향이 일면서 더불어 자아에 큰 관심을 쏟게 되었다.

둘째, 1980년대 중반 이후 한국 교회에 뿌리내린 기독교 상담과 치유 사역이 그리스도인들에게 자아에 눈을 뜨게 했다. 상담이나 치유 사역은 일반적으로 개인에게 초점을 맞추게 되어 있고, 그 초점 역시 현재 드러나는 외적 행동과 양태보다는 내면적 이유와 개인의 인생 전력(life history)에 맞춰지게 마련이다. 이 탐색 과정에서 자아의 대부분이라고 할 수 있는 '개인의 내면적 삶'에 집중하는 것은 당연한 일이다.

물론 상담과 치유 사역 가운데 집단 상담이나 가족 집단 치유(family systems therapy) 등이 있기는 하다. 하지만 이 역시 궁극적으로는 내담자나 치유 대상 각 개인을 다루어야 하는 것이기 때문에 각 개인의 내면에 최종 관심이 쏠린다는 데는 결국 마찬가지이다.

기독교 상담과 치유 사역은 신학교수들이나 학교 과목을 통해 널리 보급되었다. 이후 기독교 상담과 치유 사역을 급속히 파급시킨 공로자들은 따로 있다. 여러 기독출판사들이 상담과 치유에 연관된 각종 책자들을 앞 다투어 출간했고, 교회나 각종 교회 병행 단체들은 관련 세미나를 셀 수 없이 많이 열었다. 게다가 그리스도인의 양육·훈련 프로그램에 편입되면서 대부분의 그리스도인들에게 알려졌다.

"내면 세계의 치유"라는 주제가 가장 대표적인 예이다. 책자며 세미나가 넘쳐나고, 수많은 목회자들이 교회 제자 훈련 프로그램에 이 주제를 채택하고 있지 않은가? 이처럼 상담과 치유 사역이 보편화되면서 자연스럽게 자아에 대한 관심 또한 높아진 것이다.

셋째, 1990년대 중반에 등장한 포스트모더니즘의 풍조가 자아라는 주제에 집착하도록 만들었다. 1990년대 이전만 해도 '포스트모더니즘'은 몇몇 전문가들의 전유물이었다. 그런데 21세기에 접어들면서 어떤 주제든지 끝에 가서는 포스트모더니즘을 거론해야 신빙성을 얻을 수 있는 것처럼 기묘한 풍조가 나돌고 있다. 사실 대부분의 사람들은 포스트모더니즘이라는 용어가 어떻게 생겨났고, 모더니즘과는 어떤 관계가 있으며, 포스트모더니즘의 철학적 반동 등에 대해서는 거의 알지 못한다. 그저 포스트모던 시대의 특징이 '자기 멋대로 하는 것'이라는 정도로만 생각한다.

물론 틀린 말은 아니다. 모더니즘을 신봉하던 시대에는 누구나 객관적 진리가 존재한다고 믿었다. 단지 그리스도인과 비그리스도인의 경우 그러한 객관적 진리의 좌소(seat)가 어디냐에 있어서 차이가 있었을 따름이다. 그러나 포스트모더니즘이 주장하는 핵심은 모든 사람들이 보편적으로 인정할 수 있는 객관적 진리란 존재하지 않는다는 것이다. 이리하여 각종 형태의 상대주의와 다원주의가 단골 메뉴처럼 식단에 올라왔다. 인간의 모든 인식과 판단은 '내가 보기에는 ……' 의 울타리를 벗어나지 못한다는 것이다.

이렇게 각자의 주관적 인식이나 판단, 취향과 가치관을 인정한다는 의미에서 주관주의가 판을 치기 시작했다. 결국 이런 경향은 곧장 자기 본위주의나 자아주의로 귀결되곤 했다. 현대인들은 이처럼 '자기 멋대로' 이기 때문에 자아라는 주제를 좋아한다.

'자아'에 대한 친절한 안내서

이처럼 '자아' 는 우리가 주목해야 할 코앞의 주제이다. 무엇보다 그리스도인이라면 그러한 시대적 요청과 무관하게 '자아' 에 대해 더욱 깊이 있는 지식을 갖고 있어야 한다. 왜냐하면 성경과 신학이 요구하는 바이기 때문이다. 즉, 우리가 하나님의 말씀과 신학에 충실하고자 한다면 자연스럽게 자아에 대한 탐구에 몰입할 수밖에 없다는 뜻이다. 그러면 성경적·신학적 측면에서 자아 탐구가 중요한 까닭은 무엇일까?

첫째, 자아 탐구가 기독 신앙의 핵심과 매우 연관이 깊기 때문이다. 하나님께서는 인간을 자신의 모습대로 지으셨고, 그 때문에 인간에게는 하등 동물과 달리 자의식이 존재한다. 그런데 자의식은 자아를 전제로 형성되며, 바로 이 자아로부터 종교 혹은 신앙과 같은 여러 가지 인간적 활동이 가능해졌다. 물론 성경은 '자아' 대신 '영혼' 혹은 '마음'이라는 단어를 사용한다. 이처럼 자아는 신앙을 발휘하는 중심이고 이것을 제외하고 신앙을 논할 수 없기 때문에, 자아 탐구를 소홀히 해서는 안 된다.

둘째, 자아와 죄 사이에는 교묘한 상관관계가 있다. 이것을 올바로 알기 위해 자아를 논해야 한다. 자아가 신앙의 중심이 되듯 죄 역시 자아를 중심으로 번성한다. 그러나 만약 자아를 죄와 똑같이 여긴다면 도저히 신앙을 유지할 수 없다. 반대로 자아가 죄성과 아무 상관없다고 내버려두면 우리의 신앙은 죄와 방종의 극치를 장식할 것이다. 따라서 균형 잡힌 자아관을 지켜 가기 위해서는 성경 속에 담긴 '자아'에 대한 교훈을 매우 폭넓으면서도 깊이 있게 연구해야 한다.

셋째, 성경에는 자아의 삶에 관한 다양한 교훈이 등장하기 때문에 자아를 탐구해야 한다. 성경 곳곳에 자아의 삶에 관한 교훈과 실제적 양상, 즉 개인적·공동체적 삶이 소개되어 있다. 성경에 등장하는 다른 여러 주변적 주제에도 관심을 쏟고 연구하는데, 이토록 중요한 '자아'를 소홀히 할 수 있겠는가? 마땅히 자아와 그 활동, 그리고 태도와 관계있는 주제들을 부지런히 연구해야 한다.

 나 또한 이런 이유 때문에 성경적 자아 탐구를 시작했다. 먼저 과거에 섬기던 새시대교회에서 "자아의 삶"이라는 시리즈로 2002년 10월부터 2003년 2월까지 12회에 걸쳐 강해 설교를 실시했다. 2006년 한 해 동안 『말씀 묵상』이라는 월간지에 원고를 정기적으로 실으면서 구어체 표현과 설교식 문구를 완전히 글의 형태로 바꾸었다. 이번에는 이 열두 가지 주제가 한꺼번에 단행본으로 출간되기 때문에 전체 내용을 다시 꼼꼼히 살펴보았고, 서문을 새로이 꾸몄다.

 이 책자에 담은 열두 가지 주제는 크게 세 부분으로 묶을 수 있다. 처음 세 강좌는 총론의 성격을 띤다. 특히 제1강 "자아와 자기 사랑"은 다른 모든 강좌의 이론적 기초가 되는 내용이다. 제2강 "자아상" 및 제3강 "자기 사랑과 이웃 사랑"은 자아에 관한 균형 잡힌 관점을 형성할 수 있도록 꾸몄다.

 둘째 부분은 제4강부터 제7강까지의 네 강좌로, 자아의 삶과 관련해 무엇이 바람직하며, 또 무엇을 갖추어야 하는지 다루었다. 제4강 "자기 부인," 제5강 "자기 성찰," 제6강 "자기 절제"는 모두 그리스도인에게 마땅히 있어야 할 항목이다. 제7강 "자기 실현"은 실상 둘째 부분과 셋째 부분에 모두 속할 수 있는 내용이지만, 이 경우 바람직한 자기 실현에 초점을 맞추었기 때문에 둘째 부분에 포함시켰다.

제8강에서 제12강까지의 셋째 부분에서는 자아의 삶과 관련해 바람직하지 않은 양상, 멀리해야 하는 것들을 다루었다. 제8강 "자기 비하," 제9강 "자기 연민"은 너무 부정적인 자아관이므로 바람직하지 않다. 반면 제10강 "자만," 제11강 "자기 도취," 제12강 "자기 기만"은 자신을 너무 높이 치켜세우는 것이므로 바람직하지 않다. 바람직한 자아관을 먼저 살펴본 후 바람직하지 않은 자아의 모습을 뒤에 다룬 이유는 바람직한 자아를 먼저 확립한 후에 부정적인 자아를 바로잡아가는 게 좋다고 생각했기 때문이다.

단어나 문장이 좀 딱딱하고 어려울 수도 있지만 주제가 주제이니만큼 피할 수가 없었다. 그래서 부탁하기는, 그런 내용이 있다면 두세 번 읽고 곱씹으면서 충분히 소화해 주었으면 하는 것이다. 한 걸음 더 나아가 한 번에 한 과씩 읽으면서 그 내용을 토론에 붙이는 식으로 되짚어 본다면 더욱 많은 것을 얻을 것이다.

끝으로 이 책자가 탄생하기까지 도움을 주신 몇몇 분들에게 감사의 마음을 표한다. 먼저 이 원고가 단행본으로 출간되었으면 좋겠다고 강권하다시피 주장을 편 구자섭 부장님께 감사드린다. 또 저자와 독자 사이에 서서 중간 역할을 해 주신 기획편집자 박혜주 선생님께도 고마움을 전한다. 추천사와 관련해, 자아의 삶에 대해 과거부터 남다른 관심과 통찰력을 가진 분을 생각하는데 곧 이동원 목사님이 떠올랐다. 부탁을 받자마자 기꺼이 추천서를 써 주신 목사님께 감사를 드린다. 그리고 무엇보다도 나의 아내 영아에게 기쁨의 마음을 표한다. 원고 내용을 일일이 손으로 쳐 주었을 뿐 아니라, 자아의 삶과 관련한 부끄러운 부분까지 함께 나누고 기도할 수 있었기 때문이다.

'자아' 라는 주제는 성경·신학적 측면에서는 물론, 시대 상황을 보아서도 시급히 다루어야 할 내용이다. 이 작은 연구가 읽는 여러분들의 개인적 신앙 발전과 기독교적 안목 형성에 조금이라도 도움이 되기를 바란다.

2008년 봄, 송인규

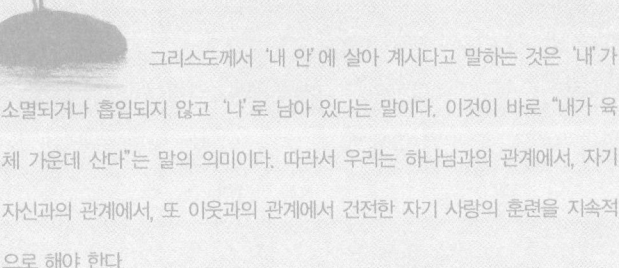

그리스도께서 '내 안'에 살아 계시다고 말하는 것은 '내'가 소멸되거나 흡입되지 않고 '나'로 남아 있다는 말이다. 이것이 바로 "내가 육체 가운데 산다"는 말의 의미이다. 따라서 우리는 하나님과의 관계에서, 자기 자신과의 관계에서, 또 이웃과의 관계에서 건전한 자기 사랑의 훈련을 지속적으로 해야 한다.

Part 1.
나의 나 됨을 돌아보다

_균형잡힌 자아관의 형성

제1장 | Self and Self-love
자아와 자기 사랑

이와 같이 남편들도 자기 아내 사랑하기를 제 몸같이 할지니 자기 아내를 사랑하는 자는 자기를 사랑하는 것이라. 누구든지 언제든지 제 육체를 미워하지 않고 오직 양육하여 보호하기를 그리스도께서 교회를 보양함과 같이 하나니 우리는 그 몸의 지체임이니라_엡 5:28-30.

사람들은 자기를 사랑하며 돈을 사랑하며 자긍하며 교만하며 훼방하며 부모를 거역하며 감사치 아니하며 거룩하지 아니하며_딤후 3:2.

'나'는 누구인가?

이 시대는 '자아'에 대한 관심이 크다. 물론 인간이 살아 온 세월 가운데 어느 때에도 '자아의 삶'에 무심한 적은 없었다. 하지만 오늘날은 그 어느 때보다도 우리의 의식이며 생활 방식이 무서울 정도로 자아에 심취해 있다. 방송 매체를 장식하는 각종 광고며, 사람들이 쓰는 언어, 대중의 관심사 등 어디 한 군데 자아가 개입되지 않는 곳이 없다. 오늘날이 포스트모던 시대라 그런 것 같기도 하고, 또 서구의 개인주의적 세계관이 이미 우리 심령에도 닻을 내렸기 때문에 그런 것 같기도 하다.

'자아'(self/ego)는 때로 영혼(soul), 정신(mind), 실체(substance), 주체(subject), 의식(consciousness), 나(I) 등의 용어로도 둔갑한다. 하지만 실제로 가리키는 대상은 모두 동일하다. 자아는 정신 활동을 수행하는 구심체로써 우리의 실존을 구성하는 기본 피육 자체이므로, 우리에게 그만큼 내밀(內密)한 것은 없다. 나는 무엇을 하든지 언제나 나를 의식한다. 심지어 내가 기억상실증에 걸려서 내 이름과 지금껏 살아온 과거를 다 잊는다 해도 내가 '나'라는 것만은 의식한다.

자아가 이토록 우리에게 친밀한 대상임에도 자아에 대해 설명을 시도하려는 순간 그 개념은 즉시 손가락 사이로 빠져 달아난다. 예를 들어, 보통 "나는 ~이다"라는 표현을 많이 쓴다. "나는 송인규다", "나는 희섭이 아빠다", "나는 목사다", "나는 그리스도인이다"라는 식으로 말을 하고, 또 나를 그런 존재로 인식한다.

그러나 이런 표현 가운데 어느 것도 '자아'를 정확히 담아내지는 못한다. 내가 설사 '송인규'가 아니고, '희섭이 아빠'가 아니고, '목사'가 아니고, '그리스도인'이 아니라 해도, '나'라는 존재가 증발돼 버리는 것은 아니다. 조금 전 이야기했듯 만일 내가 기억상실증에 걸려 나를 위에서 묘사한 인물로 인식하지 못한다고 해도, 나는 나이다.

이처럼 자아가 이론적 규명이라는 그물을 너무도 잘 **빠져** 나가기 때문에, 어떤 전문가들은 '자아란 존재하는 실체가 아니다', '그저 논리적 귀결의 대상에 불과하다', 아니면 '뇌와 중추 신경의 작용에 의한 인식적 기능의 다른 이름이다' 등등 여러 가지 이론을 펼쳤다. 그러나 이런 식의 설명은 성경의 가르침에 어긋날 뿐 아니라 상식이나 직관에도 맞지 않다.

그래도, 언제나 '나'는 있다

왜 우리는 이토록 이론적으로 설명하기가 어려운데도 자아의 존재를 인정해야 할까? 첫째, 성경은 자아라는 실체가 있음을 상식적 차원에서 명확히 가르쳐 주고 있기 때문이다. 자아가 한갓 허구나 망상이 아니라 실재라는 것에 대해, 성경은 의심의 여지를 남기지 않는다. 예수님의 비유에 등장하는 어리석은 부자의 독백과 이에 대한 평가는 인간의 자아가 얼마나 생생한지 말해 준다.

> 또 **내**가 내 **영혼**에게 이르되, "**영혼아!** 여러 해 쓸 물건을 많이 쌓아 두었으니 평안히 쉬고 먹고 마시고 즐거워하자!" 하리라 하되 하나님은 이르시되, "어리석은 자여! 오늘 밤에 네 영혼을 도로 찾으리니 그러면 네 예비한 것이 뉘 것이 되겠느냐?" 하셨으니 **자기**를 위하여 재물을 쌓아 두고 하나님께 대하여 부요치 못한 자가 이와 같으니라 _눅 12:19-21.

위 구절에 있는 '나', '내 영혼', '자기' 등은 자아의 실재를 웅변적으로 표명한다. 예수께서 겟세마네 동산에서 고뇌를 겪으실 때의 모습에서도 이 점이 드러난다.

> 이에 말씀하시되, "내 마음이 심히 고민하여 죽게 되었으니 너희는 여기 머물러 나와 함께 깨어 있으라" 하시고 조금 나아가사 얼굴을 땅에 대시고 엎드려 기도하여 가라사대, "내 아버지여! 만일 할 만하시거든 이 잔을 내게서 지나가게 하옵소서! 그러나 나의 원대로 마옵시고 아버지의 원대로 하옵소서!" 하시고_마 26:38-39

예수께서 '나', '내 마음', '나의 원'(의지) 등의 표현을 사용하신 것으로 보아 주님께도 자아가 실재함을 알 수 있다.

둘째, 경험과 추론에 근거하여 자아가 실재함을 주장할 수 있기 때문이다. 이 점을 설명하기 위해 우리의 지각 경험과 도덕 생활을 예로 들어 보자. 먼저 지각 경험이다. 김 씨라는 인물이 있는데, 어느 날 그가 공원에 나가서 쉬다가 종탑에서 정오를 알리는 열두 번의 종소리를 들었다고 하자. 이 단순한 지각 경험은, 자아의 실재를 전제하지 않고는 불가능하다.

김 씨가 당시 시간을 12시로 인식하기 위해 두 가지 기본 요건이 필요하다. 우선 그가 겪는 모든 지각 경험이 김 씨의 것이어야 한다. 만약 열두 번의 종소리가 어느 한 인물의 지각 경험이 아니고 여러 사람의 것이든지 아니면 어느 누구의 지각 경험도 아니라면, 결코 김 씨가 12시임을 인식하는 일은 없을 것이다. 뿐만 아니라 종소리에 관한 열두 번의 청각 자료가 시간의 흐름에도 불구하고 하나의 동일한 대상에 의해 파악되지 않으면, 12시라고 시간을 인식하는 일 또한 불가능하다.

이렇게 다양한 지각 경험들을 하나로 통일시키는 인식적 주체가 필요하다. 또 과거와 미래에 변하지 않고 동일하게 존재하는 실체가 필요한데, 이것이 바로 자아이다.

자아라는 실체는 이처럼 지각 경험뿐 아니라, 도덕적인 생활을 하는 데에도 반드시 필요한 전제 조건이다. 어떤 이가 내게 돈을 꾸고서 갚기로 한 날이 지났는데도 갚지 않았을 경우, 내가 그 사람에 대해 채무를 주장할 수 있는 까닭은, 과거 돈을 꾼 인물과 현재 돈을 갚지 않는 인물이 동일 대상이기 때문이다. 만일 돈을 꾼 인물과 갚지 않는 인물이 서로 다르다면, 나는 결코 후자에게 빚을 어서 갚으라고 독촉할 수 없을 것이다.

이렇게 약속이나 용서, 헌신, 문책, 칭찬과 보상, 징계 등과 같은 도덕 생활의 모든 것은 존재의 동일성이 전제되어야 비로소 가능하다. 그리고 이것을 가능케 하는 도덕적 주체가 바로 '자아'라는 것이다.

우리는 이렇게 성경의 증거에 의해서 또 경험을 분석함으로써 자아가 실재함을 설명할 수 있다.

자아에게도 역사(history of the self)가 있다

'자아'를 그리스도인의 신앙과 연계시켜 살펴보자. 성경은 자아의 실재를 확실히 인정은 하지만, 자아를 이론적으로 분석하지는 않았다. 단지 자아를 '인격적 관계'의 맥락에서 등장시킬 따름이다. 즉, 자아는 창조주 하나님과의 관계에서, 또 스스로를 되비쳐 보는 자기 자신과의 관계에서, 그리고 사회적 기본 단위를 이루는 나와 너의 관계에서 그 본연의 모습을 드러낸다는 것이다. 그러므로 자아가 올바른 자리매김을 하기 위해서는 늘 하나님, 이웃, 그리고 자기 자신과의 관계를 염두에 두어야 한다.

이제 이러한 내용을 기초로 삼아 창조와 타락, 구속과 같은 자아에 대한 구속사적 변천 과정을 살펴보자.

자아의 탄생

먼저, 인간이 창조되던 때 자아의 모습이다. 인간이 처음 창조되었을 때 그의 자아는 하나님께 순응하고 복종했다. 그는 자신의 의지대로 살고, 바라는 것들을 채워 갔지만 그로 인해 창조주 하나님과 충돌을 빚는 일은 없었다. 그는 항시 하나님의 뜻에 순종했고,

창조주가 제시하신 법도에 따라 살았다.

그의 자아는 자신과도 온전한 관계를 맺었다. 자아에 대한 의무를 수행하는 측면과 자아로서 권리를 향유하는 두 측면이 완전한 조화와 균형을 이루었던 것이다. 다시 말해서, 그는 자신을 돌보아야 하는 책임 의식과 자신을 돌봄으로써 누리는 즐거움 사이에 아무런 갈등을 느끼지 않았다. 이처럼 조화로운 모습은 건강 유지, 음식 섭취, 지적 추구, 정서적 만족, 도덕적 발달 등 모든 면에서 나타났다.

동시에 그의 자아는 타인과도 아름다운 관계를 형성했다. 인간이 다른 사람과 정상적이고 성숙한 관계를 맺으려면 두 가지 요소를 반드시 갖추어야 한다. 바로 자기 관심(self-regard)과 타자 관심(other-regard)으로, 그는 이 둘 사이에도 갈등이나 충돌이 없었다. 예수께서 말씀하신 것처럼 최초의 인간은 '자기 이웃을 자기 자신처럼 사랑한 것'이다.

이처럼 처음 창조된 인간의 자아는 하나님과의 관계, 자기와의 관계, 이웃과의 관계에서 균형·조화를 유지하고 있었다.

자아, 길을 잃어버리다

개인의 정신적·신체적 면모, 인격체로서의 각 가지 기능 등 인간의 모든 것이 타락의 영향을 받았다. 자아 또한 이 점에서 예외가 아니었다. 그러면 인간의 자아는 어떤 면에서 타락의 영향을 받았을까? 성경은 이렇게 자아의 일그러진 모습을 가리켜 자기 사랑(self-love)이라고 말한다. 바울은 이것이 말세에 인간들이 보이는 전형적 특징 가운데 한 가지라고 설명한다.

> 사람들은 **자기를 사랑하며** 돈을 사랑하며 자긍하며 교만하며 훼방하며 부모를 거역하며 감사치 아니하며…… 배반하여 팔며 조급하며 자고하며 **쾌락을 사랑하기를 하나님 사랑하는 것보다 더하며**_딤후 3:2, 4

그런데 모든 종류의 자기 사랑이 모두 죄는 아니기 때문에 디모데후서 3장 2절에 나오는 것과 같은 자기 사랑을 '그릇된 자기 사랑'(sinful self-love)이라고 부르겠다. 그러면 타락의 영향을 받는 자아의 모습은 구체적으로 어떤 모습을 띠고 있을까? 창조 당시 자아에 대한 설명과 마찬가지로, 이것을 세 가지 관계의 각도에서 살펴볼 생각이다.

첫째, 자아는 하나님과의 관계에서 큰 변화를 초래했다. 자아는 창조 시처럼 더 이상 하나님에 대한 순복을 그 본유적 기능으로 삼지 않게 되었다. 오히려 자기가 절대자나 되는 양 하나님의 지위와 영광을 찬탈하고자 시도함으로써 자기 우상화의 길로 접어든다. 디모데후서 3장 4절에서는 이런 경향이 구체적으로 나타난 현상으로 "쾌락 사랑하기를 하나님 사랑하는 것보다 더함"이라고 묘사한다.

둘째, 자아는 자신과의 관계에서도 조화와 균형이 깨졌다. 다시 말해서, 인간은 더 이상 자아를 올바로 사랑하지 못하게 되었다는 뜻이다. 자기 사랑에의 부조화와 불균형의 모습은 대개 양극단의 경향으로 표출된다. 어떨 때 인간은 자기 향유의 즐거움을 희생하면서까지 자기 의무만 강조하기 때문에 금욕주의, 자기 비하, 혹은 자기 학대의 증상을 나타낸다. 그런가 하면 반대 극단으로 치달아서, 자기 향유의 권리만을 극대화한 가운데 자기에 대한 책임을 저버리기 때문에 쾌락주의, 방종, 혹은 자기 만족에 빠져들기도 한다.

셋째, 자아는 이웃과 관계를 형성할 때 더 이상 자기 관심과 타인 관심 사이의 균형을 유지하지 못한다. 자기 중심주의로 똘똘 뭉쳐서 공공연히 이웃을 무시하거나 백안시한다. 자만/독선이나 자기 확장은 자기 중심주의자들의 단골 메뉴이다. 뿐만 아니라 건전한 자기 관심의 욕구를 억누르거나 은폐하면서까지 타인 관심만을 내세우기 때문에 온갖 비정상적이고 왜곡된 형태의 이웃 사랑이 등장한다. 영웅주의적 이타심이나 자기 기만적 메시야주의가 만연한다. 내가 희생하지 않으면 아무것도 이루어질 수 없다는 식의 가부장적 멘탈리티는 메시야주의의 전형적인 예에 속한다.

자아, 마침내 새로워지다

그리스도인의 구속된 자아는 어떤 모습을 띨까? 한마디로 줄여서 말하자면, 자아는 처음 창조 시의 모습으로 회복될 뿐 아니라 그 이상의 상태와 특징을 보유하게 된다. 바울은 에베소 교회에 보내는 서신에서 이러한 변화의 모습을 담아냈다.

> 이와 같이 남편들도 자기 아내 **사랑하기를 제 몸같이** 할지니 자기 아내를 사랑하는 자는 **자기를 사랑하는 것**이라. 누구든지 언제든지 **제 육체를 미워하지 않고** 오직 **양육하여 보호하기를** 그리스도께서 교회를 보양함과 같이 하나니 우리는 그 몸의 지체임이니라_엡 5:28-30.

바울은 그리스도인들의 부부 생활을 묘사하면서 기독교적 자아관의 중요한 면모를 소개한다. 자기 아내를 사랑하는 것이 자기를 사랑하는 것이라고 말하는 것으로 미루어 보아, 건전한 자기 사랑이라는 것이 있음을 알 수 있다. 예를 들어, 자기 몸을 돌보고 먹이는 것은 바로 이러한 사랑의 가시적 표현이다.

구속함으로 자아의 모습은 어떻게 변화될까? 첫째, 하나님과의 관계가 타락 이전의 모습으로 회복된다. 이제 자아는 다시금 하나님께 순복한다. 하나님의 뜻을 좇고 그분의 계명을 따라 살아가는 것을 자신의 본분으로 받아들인다.

둘째, 자기 자신과의 관계에서도 균형과 조화를 되찾는다. 자아는 자기 향유와 자기 책임의 두 면 가운데 어떤 쪽도 놓치지 않을 뿐만 아니라, 늘 두 가지 사이의 균형을 유지한다. 바로 에베소서 5장 28-29절에 이것이 반영되어 있다. 바울은 자기 사랑을 언급함으로써28절 자기를 향유하는 즐거움에 대해 힌트를 준다. 또 29절에서는 '제 육체를 양육하고 보호한다'고 말함으로써 자아에 대한 책임 또한 아주 분명히 드러낸다.

셋째, 자아는 이웃과의 관계에서도 균형 잡힌 모습을 나타낸다. 분명히 이웃 사랑 - 아내를 사랑하는 것은 가장 가까운 이웃을 사랑하는 일이다 - 에 대해 언급(타자 관심의 예)하면서도 동시에 자기 관심의 대표적인 예라고 할 수 있는 아내와의 성적 합일31절 또한 담담히 기술하고 있다. 이렇게 자기 관심과 타자 관심은 한 개인 안에서 매우 조화롭게 통합을 이룬다.

그리스도는 나를 위해 목숨을 버리셨다

대부분의 자아들이 하나님과의 관계, 자신과의 관계, 이웃과의 관계 등에서 완벽하지는 못하다. 세 관계에서 시작된 변화는 궁극적으로 우리가 영화롭게 될 때에야 비로소 완성될 것이다. 그러면 오늘날 우리는 자아와 관련해 어떤 자세를 취해야 할까? 다음에 나오는 바울의 표현에서 가장 적절한 아이디어를 찾을 수 있다.

내가 그리스도와 함께 십자가에 못 박혔나니 그런즉 이제는 **내가** 산 것이 아니요 오직 **내** 안에 그리스도께서 사신 것이라. 이제 **내가** 육체 가운데 사는 것은 **나를** 사랑하사 **나를** 위하여 자기 몸을 버리신 하나님의 아들을 믿는 믿음 안에서 사는 것이라._갈 2:20.

갈라디아서 2장 20절은 그리스도인의 자아 생활이 어떠해야 할지를 종합적 관점에서 보여 준다. 한 구절에 '나'가 여섯 번이나 등장하는 것만 보아도 알 수 있다. 그런데 이곳에 등장하는 '나'는 예수 그리스도와 완전히 동일시되어 있다. 그렇다면 도대체 나는 어떤 그리스도와 동일시된 것일까?

적어도 두 가지 사항을 말할 수 있다. 첫째, 그리스도는 나를 위하여 자기 목숨을 버리셨다. 나를 이처럼 사랑하신 분과 동일시 되는 것은 엄청난 유익이요 복이다. 둘째, 그러나 동시에 우리는 그리스도와 함께 십자가에 못 박힘을 당해야 한다. 그때에야 비로소 그분과 동일시되는 것이다. 우리가 사단과 세상과 육신에 대해 죽고 새로운 자아로 거듭나기 위해 꼭 필요한 과정이다.

그러면 이렇게 그리스도와 함께 십자가에 못 박힌 자아는 자기 자신에 대해 어떤 태도를 취해야 할까? 첫째, 자기 부정의 용단이 필요하다. 이제는 '내가 산 것이 아니다'라는 표현이 이것을 보여 준다. 물론 이 말은 자기 학대, 자기 비하나 금욕주의를 지지한다는 뜻이 아니라, 앞서 설명한 하나님 관계, 자아 관계, 이웃 관계에 있어서 그릇된 모습, 곧 그릇된 자기 사랑을 지양해야 한다는 말이다.

둘째, 자기 긍정의 지혜 또한 필요하다. 비록 내 안에 그리스도께서 살아 계시다고 해서, 내 자아가 그리스도께 흡입되었다든지 나 스스로 수행해야 할 책임을 면제받았다든지 하는 뜻으로 받아들이면 곤란하다. 왜냐하면, 여전히 그리스도께서 '내 안'에 살아 계시다고 말하기 때문이다. '나'는 소멸되거나 흡입되지 않고 '나'로 남아 있다. 이것이 바로 "내가 육체 가운데 산다"는 말의 의미이다. 따라서 우리는 하나님과의 관계에서, 자기 자신과의 관계에서, 또 이웃과의 관계에서 건전한 자기 사랑의 훈련을 지속적으로 해야 한다.

바울이 하나님의 아들을 믿는 믿음 안에서 살았듯이, 오늘날 우리도 하나님의 아들을 믿는 믿음 안에서 자아 생활의 훈련을 끊임없이 해야 한다. 그릇된 자기 사랑의 길을 버리고 건전한 자기 사랑의 몸부림을 반복해야 한다. 그리하여 언젠가 우리가 그리스도의 모습으로 온전히 변화되어 참된 자아의 완성을 이룰 때까지 말이다.

제2장 | Self-image
자아상

그러나 나의 나 된 것은 하나님의 은혜로 된 것이니 내게 주신 그의 은혜가 헛되지 아니하여 내가 모든 사도보다 더 많이 수고하였으나 내가 아니요 오직 나와 함께하신 하나님의 은혜로라 _고전 15:10_.

나를 능하게 하신 그리스도 예수 우리 주께 내가 감사함은 나를 충성되이 여겨 내게 직분을 맡기심이니 내가 전에는 훼방자요 핍박자요 포행자이었으나 도리어 긍휼을 입은 것은 내가 믿지 아니할 때에 알지 못하고 행하였음이라. 우리 주의 은혜가 그리스도 예수 안에 있는 믿음과 사랑과 함께 넘치도록 풍성하였도다. 미쁘다! 모든 사람이 받을 만한 이 말이여! 그리스도 예수께서 죄인을 구원하시려고 세상에 임하셨다 하였도다. 죄인 중에 내가 괴수니라 _딤전 1:12-15_.

　인간이라면 누구나 자아상을 갖고 있다. 자아상이란 흔히 "나는 ~한 인물이다", "나는 ~ 정도 되는 사람이다"라는 언명에 나타나듯, "한 인간이 자신의 됨됨이에 관해 견지하는 개인적이고 정신적인 표상"을 의미한다. 인간에게는 하등 동물과 달리 다른 이의 관점에서 자신을 바라보는 '관점적 이해'와 자기를 하나의 대상으로 놓고 되비쳐 보는 '자기 반성적 평가' 같은 정신 활동이 존재한다. 그 결과 자기 마음속에 자아상을 구축할 수 있는 것이다.

자아상을 구성하는 세 가지

자아상은 어떤 구성 요소를 가지고 있을까? 다시 말해서, 어떤 사항들이 개인의 자아상을 형성하는 요인으로 작용하는 것일까?

첫째, 개인의 정체성을 특징 짓는 조건들이 자아상의 가장 기본적 구성 요소가 된다. 이러한 특징적 조건들은 다시 신체적인 것들과 정신적인 것들로 대별해 볼 수 있다. 신체적인 조건들의 예로, 용모, 신장, 몸매, 체중, 외양 등이 있다. 정신적 조건들의 예로는 지능 지수(IQ), 정서 지수(EQ), 재능, 성품, 기질, 성격, 적성 등이 있다.

물론 이 두 가지 조건들 가운데 일차적인 관심 대상이 되는 것은 신체적 조건들이다. 아이가 태어나면서부터 우리는 눈과 코가 어떻다는 둥, 체중이 얼마라는 둥, 귀가 덕스럽다는 둥 평을 한다. 정신적 조건들은 아이가 어느 정도 성장한 다음부터 중요하게 다뤄진다. 또 일반적으로 여성들의 경우에는 자아상의 구성 요소에서 신체적 조건이 차지하는 비중이 남성들보다 더 큰 것으로 나타난다.

둘째, 소속 공동체(가정, 학교, 사회 등) 내에서 남에게 인정받고, 부러움을 유발하는 조건들 역시 자아상 형성에 중요한 역할을 한다. 가정이나 학교에서 어떤 개인을 다른 이들로부터 차별화시키고 두드러지게 만드는 조건들이 여기에 속한다. 예를 들어 학교 성적, 자신만이 가진 특기, 유머 감각, 인간 관계 등이 그런 조건에 속한다.

소속 공동체의 범위를 조금 넓혀 회사 및 일반 사회를 살펴보면 가문, 문벌, 인척 관계, 배우자, 출신지, 출신 학교, 사회적 지위, 경제 능력, 리더십, 신임도 등이 선호 조건으로 떠오른다.

셋째, 신앙적 영역과 관련된 조건들 또한 그리스도인 개인의 자아상 형성에서 필수불가결한 요소이다. 신앙적 영역의 조건은 내면적인 것과 외양적인 것으로 나눌 수 있다. 내면적 조건은 영적 처지나 상태와 긴밀한 관계가 있다. 하나님의 용서와 사랑을 체득함, 기도의 응답, 주님과의 깊은 교제, 고난과 역경의 경험, 사단과의 영적 싸움 등을 예로 들 수 있다.

외양적 조건은 내면적 조건과 달리 겉에서 보아 알 수 있는 항목들로, 주로 공동체적 활동과 연관이 있다. 대표적인 예로 교회 직분, 영적 은사, 신앙 경력, 인지도, 사역의 관록 등이 있다.

이렇게 개인의 정체성을 특징 짓는 조건들, 소속 공동체에서 개인을 차별화시키는 조건들, 신앙적 영역과 연관된 조건들이 그리스도인의 자아상을 형성한다고 할 수 있다.

바울의 자아상

바울 역시 자신의 모습에 대해 어떤 정신적 표상, 곧 자아상을 견지하고 있었다. 이것은 "나의 나 된 것" 고전 15:10이라는 어구에 그대로 반영되어 있다.

세 가지 구성 요소

바울의 자아상에서도 세 가지 구성 요소를 찾을 수 있다. 첫째, 바울은 종종 자신의 정체를 특징 짓는 조건에 대해 언급한다. 예를 들어, 자신의 개인적 조건과 관련해서는 다음과 같이 말한다.

> **내가 비록 말에는 졸하나 지식에는 그렇지 아니하니** 이것을 우리가 모든 사람 가운데서 모든 일로 너희에게 나타내었노라_고후 11:6.

바울은 자신의 지식의 심원함이라는 강점과 세련되지 못한 말솜씨라는 약점을 인정한다.

둘째, 바울은 소속 공동체에서 남들이 부러워할 만한 조건을 가지고 있었다고 밝힌다.

> 그러나 **나도 육체를 신뢰할 만하니** 만일 누구든지 다른 이가 육체를 신뢰할 것이 있는 줄로 생각하면 **나는 더욱 그러하리니 내가 8일 만에 할례를 받고 이스라엘의 족속이요 베냐민의 지파요 히브리인 중의 히브리인이요 율법으로는 바리새인이요 열심으로는 교회를 핍박하고 율법의 의로는 흠이 없는 자로라**_빌 3:4-6.

물론 이상의 조건들은 유대교에 있을 때 남들의 부러움을 산 항목들이었다. 하지만 그 가운데 몇 가지는 그리스도인이 되고 난 이후에도 여전히 자랑거리로 삼을 수 있는 그런 것들이었다.

셋째, 바울의 자아상을 구성하는 데 가장 중요한 요소가 신앙적 조건과 연관된 항목들이다. 어떤 신앙적 조건은 자신에게 불리하게 작용하기도 했다.

> 맨 나중에 **만삭되지 못하여 난 자 같은** 내게도 보이셨느니라. **나는 사도 중에 지극히 작은 자라**. 내가 하나님의 교회를 핍박하였으므로 사도라 칭함을 받기에 감당치 못할 자로라 _고전 15:8-9.

"만삭되지 못하여 난 자 같다"는 말은 그가 정상적인 과정을 밟아 사도로 부름 받은 것이 아님을 나타낸다. 더욱이 교회를 세우기는커녕 반대로 교회를 핍박하였기 때문에 사도 중 '꼴찌'라고 말했던 것이다.

그러나 어떤 경우에는 신앙 활동과 관련을 지어 자랑스러운 성격의 조건들을 열거하기도 한다.

> 그러나 나의 나 된 것은 하나님의 은혜로 된 것이니 내게 주신 그의 은혜가 헛되지 아니하여 **내가 모든 사도보다 더 많이 수고하였으나** 내가 아니요 오직 나와 함께하신 하나님의 은혜로라 _고전 15:10.

저희가 그리스도의 일꾼이냐? 정신 없는 말을 하거니와 **나도 더욱 그러하도다.** 내가 수고를 넘치도록 하고 옥에 갇히기도 더 많이 하고 매를 수 없이 맞고 여러 번 죽을 뻔하였으니 …… 또 수고하며 애쓰고 여러 번 자지 못하고 주리며 목마르고 여러 번 굶고 춥고 헐벗었노라_고후 11:23, 27.

무익하나마 **내가 부득불 자랑하노니 주의 환상과 계시를 말하리라.** 내가 그리스도 안에 있는 한 사람을 아노니 14년 전에 **그가 셋째 하늘에 이끌려 간 자라** (그가 몸 안에 있었는지 몸 밖에 있었는지 나는 모르거니와 하나님은 아시느니라) …… **그가 낙원으로 이끌려가서 말할 수 없는 말을 들었으니** 사람이 가히 이르지 못할 말이로다_고후 12:1-2, 4.

사도의 표 된 것은 내가 너희 가운데서 모든 참음과 **표적**과 **기사**와 **능력을 행한 것**이라_고후 12:12.

이상의 조건들은 주로 사도로서의 진정성 및 헌신을 설명하는 것들이다.

나의 나 된 것은 하나님의 은혜로 된 것이니

바울의 자아상 형성에 가장 중요한 역할을 한 것은 세 번째 요소인 '신앙적 영역과 연관된 조건들'이다. 그리고 이러한 신앙적 조건이 주도적 역할을 하게 만든 원동력은 바로 하나님의 은혜였다.

> 그러나 나의 나 된 것은 하나님의 은혜로 된 것이니 내게 주신 그의 은혜가 헛되지 아니하여 내가 모든 사도보다 더 많이 수고하였으나 내가 아니요 오직 나와 함께하신 하나님의 은혜로라 _고전 15:10_.

"하나님의 은혜"란 무엇일까? 하나님의 은혜가 무엇이기에 바울의 자아상 형성에 있어서 이토록 주도적 원동력이 되었을까?

'은혜'($\chi\acute{\alpha}\rho\iota\varsigma$)라는 말은 희랍인들이 기독교와 접촉하기 훨씬 이전부터 많이 사용해 온 단어다. 먼저 성격 면에서의 뜻은 "대가를 요구하지 않고 호의를 베푸는 것"이었다. 그리고 효과 면에서 본 뜻은 "자격이 없는 자에게 자격을 부여하는 것"이었다.

'은혜'의 이런 개념은 그야말로 복음의 내용과 너무나 잘 맞아떨어졌다. 왜냐하면 복음 또한 성격 면에서 이야기하자면, "우리가 아직 죄인 되었을 때에 예수께서 아무런 대가를 요구함 없이 우리를 위해 죽어 주신 것"이요, 효과 면에서 살피자면, "자격 없는 우리에게 하나님의 자녀와 백성이 되도록 하신 것"이기 때문이었다. 그리하여 성경의 저자들은 복음의 실상을 소개할 때 "은혜"라는 단어를 전혀 주저 않고 채택한 것이다.

바울은 바로 이러한 하나님의 은혜를 체험했기 때문에 자신의 자아상을 "나의 나 된 것이 하나님의 은혜"라고 표현한 것이다. 이 점을 좀 더 자세히 알아보기 위해 바울 자신의 간증에 귀를 기울이고자 한다.

> 나를 능하게 하신 그리스도 예수 우리 주께 내가 감사함은 나를 충성되이 여겨 **내게 직분을 맡기심**이니 내가 전에는 훼방자요 핍박자요 포행자이었으나 도리어 긍휼을 입은 것은 내가 믿지 아니할 때에 알지 못하고 행하였음이라. 우리 **주의 은혜**가 그리스도 예수 안에 있는 믿음과 사랑과 함께 **넘치도록 풍성하였도다**. 미쁘다! 모든 사람이 받을만한 이 말이여! 그리스도 예수께서 **죄인을 구원하시려고** 세상에 임하셨다 하였도다. **죄인 중에 내가 괴수니라**_딤전 1:12-15.

위 말씀을 보면 바울이 하나님의 은혜를 경험한 것과 관련하여 두 가지 사항이 나타난다. 첫째, 바울은 구원에서 하나님의 은혜를 경험했다. "주의 은혜가 넘치도록 풍성하였도다"[14절]. 그는 죄인에게 아무런 대가도 요구하지 않고 거저 베푸시는 구원의 은혜를 받은 것이다[15절]. 그냥 죄인을 구원해 주어도 은혜일 텐데 "죄인 중에 괴수"[13절]로서 이런 은혜를 누리게 되었으니 그 감격이 얼마나 컸겠는가?

둘째, 바울은 직분을 부여 받을 때도 하나님의 은혜를 체험했다. "나를 충성되이 여겨 내게 직분을 맡기심이니" 12절. 그는 예수의 이름을 훼방하고 교회와 성도들을 핍박했으며 자신의 목적 달성을 위해 포악한 행위에의 호소를 일삼은 인물이었다. 하지만 하나님께서 그에게 오히려 사도라는 직분을 맡기셨던 것이다. 바울이 사도로 부름 받은 것은 자격 없는 자에게 자격을 부여하시는 하나님 은혜의 전형적 예였다.

이토록 바울은 구원을 받고 사도로 부르심을 받는 등 엄청난 하나님의 은혜를 경험했다. 그러니 이러한 하나님의 은혜가 어찌 바울의 자아상 형성에 결정적 영향을 미치지 않을 수 있었겠는가!

건전한 자아상이 내 안에서 하는 일

건전한 자아상을 가진 이와 그렇지 않은 이의 차이는 무엇일까?

행복이 늘 곁에 있다

첫째, 정신적 건강 지수가 높으며 자신의 인생에 만족감을 느낀다. 이러한 상태를 가리켜 '행복' 혹은 '번영'이라고 하든, 아니면 '정신적 웰빙'이라고 하든 용어는 그다지 중요하지 않다. 그러나 자아상이 건전한 이들은 그렇지 않은 이들에 비해 대체로 정신적으로 안정돼 있다.

한 개인의 행복감이나 만족도는 인지된 자아(perceived self)와 이상적 자아(ideal self)가 역동적으로 상호 작용함으로써 결정된다. 다시 말해서, 자신이 도달하기를 바라는 모습(이상적 자아)과 자신이 현재 이르렀다고 생각하는 모습(인지된 자아) 사이에 간격이 좁으면 좁을수록 행복감을 느낀다는 것이다. 건전한 자아상은 이 두 가지 사이의 끊임없는 교류와 대화에 의해 수립되는 것이다. 그러므로 당연히 상당한 정도의 정신 건강을 보장하게 된다.

바울의 경우 자신의 상태와 관련해 '행복'이라는 단어를 사용하지는 않지만, 그가 정신적으로 건강했음을 편지 곳곳에서 찾아볼 수 있다.

> 그러면 무엇이뇨? 외모로 하나 참으로 하나 무슨 방도로 하든지 전파되는 것은 그리스도니 이로써 **내가 기뻐하고 또한 기뻐하리라** _빌 1:18.

> 우리가 세상에 아무것도 가지고 온 것이 없으매 또한 아무것도 가지고 가지 못하리니 우리가 먹을 것과 입을 것이 있은즉 **족한 줄로 알 것이니라** _딤전 6:7-8.

나의 나 된 것이 하나님의 은혜라고 고백한 이, 다시 말해 구원과 사명에서 하나님의 은혜를 체험한 이라면, 그에게서 이와 같은 행복감과 정신적 만족이 묻어나는 것은 아주 당연한 일이다.

난 무엇이든 잘 해 낼 수 있어!

둘째, 건전한 자아상을 보유한 개인은 자신의 은사를 활용해 많은 것들을 성취해 내고, 매사에 진취적 기상을 나타낸다. 자기 자신을 긍정적으로 보는 이들이 자신이 맡은 업무나 책임과 관련하여 진취적 태도를 보이리라는 것은 자명한 이치이다. 따라서 이런 이들은 새로운 시도와 혁신을 두려워하지 않으며, 필요한 경우 모험 정신을 기꺼이 발휘한다.

반면 자아상이 불건전한 이들은 대체로 자신감이 결여되어 있고, 쉽사리 주눅이 들며, 일이나 활동과 관련하여 성취도가 낮은 것으로 드러난다. 심지어 자신의 능력보다 항시 자신을 낮게 평가하고 어떤 상황이 닥치면 무조건 비관적이 되어 버리고 만다. 그런데 아이러니컬하게도 이렇게 자신을 평가절하하면서 또 한편으로는 다른 어두운 방식으로 자기 가치를 고집하고 자신을 과대 포장한다는 것이다.

바울은 그렇지 않았다. 그는 필요할 때 자신의 강점을 부각시켰고, 자신의 진면목을 명확히 밝혔다.

그러나 나의 나 된 것은 하나님의 은혜로 된 것이니 내게 주신 그의 은혜가 헛되지 아니하여 **내가 모든 사도보다 더 많이 수고하였으나** 내가 아니요 오직 나와 함께하신 하나님의 은혜로라_고전 15:10.

내가 지극히 큰 사도들보다 부족한 것이 조금도 없는 줄 생각하노라. 내가 비록 말에는 졸하나 **지식에는 그렇지 아니하니** 이것을 우리가 모든 사람 가운데서 모든 일로 너희에게 나타내었노라_고후 11:5-6.

또 미래의 사역과 관련하여 늘 진취적 계획들로 가득 차 있었고, 주어진 상황하에서 늘 최선을 다했다.

그러므로 내가 이 일을 마치고 이 열매를 저희에게 확증한 후에 너희에게를 지나 **서바나로 가리라**_롬 15:28.

약한 자들에게는 내가 약한 자와 같이 된 것은 약한 자들을 얻고자 함이요 여러 사람에게 내가 여러 모양이 된 것은 **아무쪼록 몇몇 사람들을 구원코자 함**이니_고전 9:22.

이를 위하여 나도 내 속에서 능력으로 역사하시는 이의 역사를 따라 **힘을 다하여 수고하노라**_골 1:29.

바울이 늘 이렇게 진취적이고 열심 있는 태도를 잃지 않은 것은, 그가 하나님의 은혜를 체험함으로써 "나의 나 됨"이 무엇인지 올바로 파악했기 때문이다.

난 모두가 좋아. 모두들 나를 좋아해!

셋째, 건전한 자아상은 타인과 원만하고 적극적인 관계를 맺어 나간다. 자기 자신에 대해서 건전한 이미지를 가진 이는 기꺼이 자신의 손을 외부로 뻗어 다른 이들과 관계를 맺으며 교류하고자 할 것이다. 인간은 고립된 채 살아갈 수 없는 존재이다. 창조 시부터 타인과 관계를 맺고, 서로 어울려 사는 사회 속에서만 저마다 가진 특질을 구현할 수 있도록 만들어진 존재이기 때문이다.

그러나 건전한 자아상을 수립하지 못했을 경우 다른 이들과 더불어 적극적으로 관계 맺기를 꺼리거나 지나칠 정도로 전전긍긍하게 마련이다. 그것은 스스로의 마음속에서부터 갈등과 마찰을 경험하기 때문이다. 또 과도한 경쟁 의식에 휩싸이기도 하고, 인간 관계 형성에서 피할 수 없는 타인의 비판이나 부정적 평가를 견디지 못하는 때문이기도 한다. 물론 이런 모습은 누구에게서나 찾아볼 수 있다. 하지만 건전한 자아상이 결여된 이일수록 이 과정에서 회복하기 힘들 정도로 큰 마음의 상처를 겪는다는 것이다.

바울에게는 이런 증상이 거의 없었다. 그는 다른 이와 비교해 자기 자신이 열등하다는 것을 절대 감추지 않는다.

> 맨 나중에 만삭되지 못하여 난 자 같은 내게도 보이셨느니라. 나는 사도 중에 지극히 작은 자라. 내가 하나님의 교회를 핍박하였으므로 사도라 칭함을 받기에 감당치 못할 자로라_고전 15:8-9.

또 고린도 교회 내의 편당 문제를 해결하기 위해 주저 없이 자신을 낮추기도 한다. 바로 자기보다 한참 후배인 아볼로를 동역자급으로 소개한 것이다.

> 그런즉 아볼로는 무엇이며 바울은 무엇이뇨? 저희는 주께서 각각 주신 대로 너희로 하여금 믿게 한 사역자들이니라. 나는 심었고 아볼로는 물을 주었으되 오직 하나님은 자라나게 하셨나니 우리는 하나님의 동역자들이요 너희는 하나님의 밭이요 하나님의 집이니라_고전 3:5-6, 9.

어디에서 이런 여유와 자유로움과 융통성이 나온 것일까? 답변은 한 가지이다. 바울은 자기 자신에 대해서 매우 건전한 자아상을 견지하고 있었다. 그리고 그가 "나의 나 된 것"을 이야기할 수 있는 근본적 원동력은, 누차 밝혔듯 구원과 사명이라는 하나님의 은혜를 체험한 덕분이다.

자아상은 인간이면 피할 수 없는 사안이다. 그리고 그것은 그리스도인의 경우에도 마찬가지이다. 우리가 구원이나 직분적 사명에서 하나님의 은혜를 체험하는 정도만큼 우리의 자아상은 건전해질 수 있다. 그리하여 우리도 바울처럼 "나의 나 된 것은 하나님의 은혜"라고 늘 간증할 수 있을 것이다.

물론 기독교 신앙이 우리의 자아상 확립을 위해 존재하는 것은 아니다. 기독 신앙은 우리의 정신 건강, 만족도, 진취적 태도보다 훨씬 큰 것이다. 단지 말하고자 하는 것은, 그리스도를 옳게 믿고 좇을 때, 그 부산물로 건전한 자아상이 수립된다는 것이다.

제3장 | Self-love and Neighbor-love

자기 사랑과 이웃 사랑

둘째는 그와 같으니 '네 이웃을 네 몸과 같이 사랑하라' 하셨으니_마 22:39.

"네 이웃을 네 몸과 같이 사랑하라!"

이 말이 너무 진부하고 공허하게 들릴 수도 있다. 하지만 인간의 개인적·사회적 삶에서 이 어구만큼 의미심장한 내용을 담기도 쉽지 않을 것이다. 이 말이 전혀 실천되지 않는 세상을 상상해 보라. 그런 세상 어디에 개인의 행복과 건전한 인간 관계가 존재할 것이며, 그런 세상에서 감히 바람직한 가정이나 공동체를 언급할 수 있겠는가?

이웃을 사랑할 줄 아는 마음을 가진 사람이 없는 사회는 이기

심과 경쟁이 난무한 아수라장이 될 것이요, 약육강식의 모델 하우스로 돌변할 것이다. 왜냐하면 이웃 사랑이야말로 자신의 행복, 타인과의 관계, 그리고 공동체를 세우는 데 반드시 필요한 요건이기 때문이다.

당신은 어떤 그리스도인인가?

그리스도인의 공동체조차 "네 이웃을 네 몸과 같이 사랑하라!"는 계명에 신앙적 초점을 맞추지 않는(혹은 못하는) 경우가 많다. 이 계명과 관련해 그리스도인을 네 무리로 나누어 보자.

첫째, 상당수의 그리스도인들은 이러한 계명을 지키는 것이 신앙 생활에 매우 중대한 사안임을 모르든지 아니면 고의로 무시한다. 심지어는 이런 계명의 내용과 정반대 모습을 띤 채 완전히 자기중심적으로 살아가기도 한다.

둘째, 이런 말을 인용하고 필요하면 힘주어 주장하기도 한다. 하지만 편의상 그렇게 하는 것일 뿐 실제 가치관에는 전혀 영향을 받지 않는 그런 그리스도인들이 있다. 이와 같은 모습은 대개 교회의 당회장이나 운영위원장, 교단의 총회장, 미션 스쿨의 학교장, 기독교 구호 단체나 기업체의 대표 등 위선적인 종교 지도자들에게서 많이 나타난다. 그들은 현 직위로 임명 받거나 선출되기 위해 여러 가지 공약과 강령을 내세운다. "직원을 가족같이!" "프로그램보다 사람이 우선이다!" "섬김의 리더십" 등. 그런데 정작 어떤 사안을 추진할 때 보면 이웃 사랑의 이상과는 아무 상관도 없는 정책이나 원칙을 고수해 나간다.

셋째, 그리스도인으로서 이 계명을 중요시하고 윤리적 대원칙으로 내세운다. 하지만 그 이상을 실현하는 데 빈번히 실패하여 이웃 사랑에 대해 그만 자조적이 되어 버리고 마는 이들도 있다. 이들은 대개 성급한 이상주의자들로서 자신의 현실과 주위 여건 가운데 이런 계명을 실천하기가 얼마나 어려운지 경험한 것이다. 문제는 이들이 조만간 첫째나 둘째 유형의 그리스도인들로 탈바꿈한다는 데 있다.

넷째, 아주 적은 수의 그리스도인들이 이 계명이 얼마나 중요한지 뼈저리게 느낀다. 그들은 여기에 신앙의 사활이 달려 있다고 믿고 조금씩이지만 실천의 열매를 맺어 가고 있다. 그들로서는 자신의 신앙 생활에서 이 계명이 빠진다면 과연 기독교적 독특성이 견지될 수 있을까? 라고 의심할 정도이다.

그런데 정작 이웃 사랑을 실천하려 한다고 해도 이웃을 내 몸처럼 사랑한다는 어구의 의미가 무엇인지 모르면, 행동의 방향을 잡기가 힘들다. 어쩌면 어떤 이들은 이 의미를 제대로 파악하지 못하기 때문에 세 번째 부류의 그리스도인이 되었는지도 모른다.

따라서 이 어구의 의미를 규명하기 위해 두 단계에 걸친 작업을 할 것이다. 첫째는 하나님 사랑과의 문맥적 연관성에 대해 살펴볼 것이요, 둘째는 이웃 사랑을 '자기 사랑'과 관련 지어 사랑의 의미를 밝힐 것이다.

주를 사랑하듯이 네 이웃을 사랑하라

예수께서 이웃 사랑에 대해 가르치셨을 때, 신앙적·관계적으로 아무런 연관성 없이 꺼내신 것은 아니었다. 따라서 무엇보다 먼저 이 계명이 주어진 문맥의 전후 관계를 파악하는 것이 중요하다. 이웃 사랑은 예수께서 설명하신 큰 계명의 일부분이다.

> 예수께서 가라사대, " '네 마음을 다하고 목숨을 다하고 뜻을 다하여 **주 너의 하나님을 사랑하라**' 하셨으니 이것이 **크고 첫째 되는 계명**이요 **둘째는 그와 같으니** '네 이웃을 네 몸과 같이 사랑하라' 하셨으니 이 두 계명이 온 율법과 선지자의 강령이니라"_마 22:37-40.

위 말씀에는 이웃 사랑에 관한 두 가지 중요한 교훈이 담겨 있다. 첫째, 이웃 사랑은 하나님 사랑과 긴밀히 연결되어 있다. 예수께서는 우리가 하나님을 사랑하는 것이 첫 계명임을 밝히시자마자 "둘째는 그와 같으니"라고 하심으로써 이웃 사랑을 도입하신다. 우리가 하나님을 사랑한다면 그 사랑은 곧 이웃 사랑으로 나타나야 한다는 뜻이다.

> 예수께서 그리스도이심을 믿는 자마다 하나님께로서 난 자니 또한 **내신 이[하나님]를 사랑하는 자마다 그에게서 난 자를 사랑하느니라**_요일 5:1.

심지어 이웃을 사랑하지 않으면서 하나님을 사랑한다는 것은 있을 수 없는 일이다, 라고까지 이야기한다.

> **누구든지 하나님을 사랑하노라 하고 그 형제를 미워하면 이는 거짓말 하는 자니** 보는 바 그 형제를 사랑치 않는 자가 보지 못하는 바 하나님을 사랑할 수가 없느니라_요일 4:20.

둘째, 비록 하나님 사랑이 우선이고, 그 다음이 이웃 사랑이긴 하지만, 율법의 의미를 밝히는 데는 두 가지가 함께 연합적으로 작용한다. 이 점을 제대로 이해하기 위해서는 율법과 사랑의 관계에 대한 배경을 알아야 한다.

구약에는 대개 613가지의 율법 조항이 있다. 그런데 이 모든 율법이 '사랑'이라는 동기 혹은 정신과 무관히 강조되면 자연히 율법주의가 따라온다.

바로 이 점 때문에 예수께서는 하나님 사랑과 이웃 사랑을 큰 계명들로 언급하신 것이다. 사실 예수께서 언급하신 하나님 사랑과 이웃 사랑도 본디 613가지 계명 가운데 일부 항목들이었다.

> 너는 마음을 다하고 성품을 다하고 힘을 다하여 **네 하나님 여호와를 사랑하라**_신 6:5_.

> 원수를 갚지 말며 동포를 원망하지 말며 **이웃 사랑하기를 네 몸과 같이 하라**_레 19:18_.

그런데 예수께서는 이 두 가지 계명을 그저 단순히 계명의 항목에서 승격시켜 율법의 의미를 살리고 밝히는 원리로 채택하신 것이다.

이와 같은 내용을 전제할 때에야 비로소 40절 말씀인 "이 두 계명이 온 율법과 선지자의 강령이니라"를 납득할 수 있다. 강령(綱領)이라는 말은 원래 "일의 으뜸이 되는 큰 줄거리" 혹은 "정당, 노동 조합 등 단체의 기본 입장이나 방침"을 의미한다. 그런데 40절의 원문에는 '강령'이 독립된 명사가 아닌 그저 '강령이다'라는 식으로 동사로 표현돼 있다. 그리하여 이 어구는 온 율법과 선지자가 이 두 계명에 '달려 있다'라는 뜻을 나타낸다. 다시 말해서, 구약의 모든 율법이 하나님 사랑과 이웃 사랑이라는 원리에 의존한다는 것이다.

'달려 있다'라는 동사의 의미를 좀 더 밝히기 위해 한 가지 비유를 들어 보자. 옷걸이 두 개에 각종 옷들이 걸려 있다. 그때 옷걸이들을 없애면 옷들은 바닥에 널브러져 그곳은 순식간에 지저분해진다.

하나님 사랑과 이웃 사랑이 바로 두 개의 옷걸이와 같다. 하나님 사랑과 이웃 사랑이 없다면, 구약의 모든 율법은 그 의미와 목적을 잃는 셈이 된다.

따라서 비록 이웃 사랑이 논리적으로는 하나님 사랑에 다음간다 해도, 하나님 사랑을 표현하는 주된 방법이라는 점에서나 율법의 의미를 살린다는 점에서는 매우 중요하다.

네 몸처럼 네 이웃을 사랑하라

그리스도인의 이웃 사랑은 "네 몸처럼"이라는 어구를 어떻게 해석하느냐에 따라 의미가 사뭇 달라진다. 왜냐하면 실상 마태복음 22장 39절 말씀을 "네가 네 몸을 사랑하는 것과 같이 네 이웃을 사랑하라"로 풀어 볼 수 있기 때문이다.

기독교 역사와 학자들의 견해를 종합해 보면, "네 몸을 사랑하는 것과 같이"를 다음 세 가지로 해석한다.

너를 사랑하는 만큼이라도

첫 번째 입장은 '~같이'를 '~하는 정도만큼이라도'로 해석한다. 이 해석을 적용하면 마태복음 22장 39절은 "네가 네 몸을 사랑하는 정도만큼이라도 네 이웃을 사랑하라"라는 말이 된다. 이와 같은 태도는 인간의 자기 사랑을 부정적으로 보는 데서 생겨난 것이다.

인간은 본성적으로 이웃 사랑보다는 자기 사랑에 더 매달리기 때문에 예수께서는 이러한 경향을 염두에 두고 이웃 사랑을 명하신 것이라는 주장이다.

이러한 부정적 입장이 좀 더 극단적으로 기울면 '~같이'를 아예 '~대신'으로 해석한다. 즉, 자아는 타락했으므로 자기 사랑 역시 배척해야 한다는 것이다. 이렇게 본다면, 마태복음 22장 39절은 "네가 네 몸을 사랑하는 대신 네 이웃을 사랑하라"라고 해석할 수밖에 없다. 이렇게 생각하는 사람들은 다음과 같은 성구를 근거로 내세운다.

> 무리와 제자들을 불러 이르시되, 아무든지 나를 따라 오려거든 **자기를 부인하고** 자기 십자가를 지고 나를 좇을 것이니라_막 8: 34.

> [사랑은] …… 무례히 행치 아니하며 **자기의 유익을 구치 아니하며** 성내지 아니하며 악한 것을 생각지 아니하며_고전 13: 5.

사람들도 **자기를 사랑하며** 돈을 사랑하며 자긍하며 교만하며 훼방하며 부모를 거역하며 감사치 아니하며 거룩하지 아니하며 …… 배반하여 팔며 조급하며 자고하며 **쾌락을 사랑하기를 하나님 사랑하는 것보다 더 하며**_딤후 3 : 2, 4.

먼저 너를 사랑하고, 그 다음에

두 번째 입장은 첫 번째와는 정반대로 인간의 자아를 상당히 긍정적으로 보는 태도이다. 그래서 이 입장에서는 '~같이'를 '~에 덧붙여'로 해석한다. 그래서 "네가 네 몸을 사랑하는 것에 더하여 네 이웃을 사랑하라"가 된다. 심지어는 '~한 연후에야 비로소'라고 해석하기도 한다. 그렇게 하면 마태복음 22장 39절은 "네가 네 몸을 사랑한 연후에야 비로소 네 이웃을 사랑하라"라는 식으로 의미가 둔갑해 버리고 만다.

이 입장을 옹호하는 이들은 주로 신학적 이유를 근거로 다음과 같이 주장한다. 인간이 하나님의 형상을 따라 지음 받은 존재라면 비록 타락했다 할지라도 어느 정도의 존엄성을 보유하고 있을 것이다. 그러므로 창조주가 만드신 그 자아를 업신여기면서 하나님을 사랑한다는 것은 말이 안 된다.

뿐만 아니라 그리스도인들은 하나님이 베푸시는 구속적 사랑의 대상이 되었다. 하나님이 사랑하신 그 대상, 곧 자아에 대해 아무런 가치를 부여하지 않는다면 그 또한 하나님을 신뢰하지 않는 어리석은 짓이 될 것이다.

또 어떤 이들은 인간의 심리상 자기를 사랑하지 않으면 이웃을 사랑할 수 없다고 말한다. 자기를 건전하게 사랑하는 사람만이 진정한 자기 망각이 가능하고, 또 자기 집착으로부터 자유로울 수 있다는 것이다. 이렇게 자유로운 상태에서야 비로소 이웃을 사랑할 만한 심리적 여유와 능력이 생긴다는 생각이다.

이렇게 자기 사랑이 이웃 사랑의 근거 혹은 원동력이 되는 것은 성경에도 나온다.

> 이와 같이 남편들도 **자기 아내 사랑하기를 제 몸같이 할지니** 자기 아내를 사랑하는 자는 자기를 사랑하는 것이라. **누구든지 언제든지 자기 육체를 미워하지 않고 오직 양육하여 보호하기를** 그리스도께서 교회를 보양함과 같이 하나니 엡 5:28-29.

바울은 29절에서 자기 사랑의 보편성과 양태를 소개한다. 사람들은 누구나 언제든지 자기를 사랑한다. 정상적인 사랑이라면 누구든지 자신의 육체를 미워하지 않고 끊임없이 돌본다는 것이다. 바로 이러한 자기 사랑을 표준으로 삼아 이웃 사랑을 권면하는 것이다.

너를 사랑하는 것이 당연한 것처럼

이렇게 생각하는 이들은 자기 사랑을 인정은 하되 제한적으로만 수용한다. 그래서 이들은 '~같이'를 '~해야 하는 마땅한 방도대로'라고 해석한다. "네가 네 몸을 사랑해야 하는 마땅한 방도대로 네 이웃을 사랑하라"라는 의미가 되는 것이다.

이 표현에서 눈여겨보아야 할 것은 '마땅한 방도'이다. 과연 어떻게 하는 것이 마땅한 방도대로 하는 것일까? 이에 대한 답변은 참 다양하다. 예를 들어 초대 교부였던 어거스틴(Augustine of Hippo, 354-430)은 우리의 자아가 거듭나는 데서 그 핵심을 찾았다. 타락한 자아는 자기 사랑에만 탐닉하지만, 그 자아는 중생의 경험을 통하여 하나님 사랑과 이웃 사랑을 지향하도록 방향 전환이 가능하다는 것이다.

중세의 신비가요 신학자인 버나드(Bernard of Clairvaux, 1091-1153)는 그릇된 자기 사랑으로부터 올바른 자기 사랑으로 옮아 가는 것을 네 단계의 사다리에 오르는 것으로 비유했다.

우리는 처음에 자아를 위해서 자아를 사랑한다[그릇됨].
그러고서는 자아를 위해서 하나님을 사랑한다.
그 후 하나님을 위해서 하나님을 사랑한다.
끝으로 하나님을 위해서 자아를 사랑한다[올바름].

보통 3단계가 4단계보다 더 높을 것으로 추측하지만, 버나드는 그렇게 생각하지 않았다. 인간의 자아가 없어지지 않는 한 3단계는 오히려 4단계보다 덜 성숙한 모습이라는 것이다.

이와 비슷하게, 산모가 영양분을 충분히 섭취하고 자신의 몸을 보양하고 지키면서 자기를 사랑하는 것은, 곧 가장 가까운 존재인 태아를 사랑하는 것이다. 또 이웃을 사랑하고자 자신이 하나님께로부터 받은 은사와 재능을 충분히 계발하고 사용하는 것도 비슷한 이치라고 하겠다.

다시 한 번 말합니다 이웃을 사랑하십시오

이 세 가지 견해 가운데 어떤 자세를 취해야 할까? 세 가지 견해마다 나름대로 일리가 있다.

첫째, 부정적 견해부터 살펴보자. 어떤 경우, "네가 네 몸을 사랑하는 정도만큼이라도 네 이웃을 사랑하라", "네가 네 몸을 사랑하는 대신에 네 이웃을 사랑하라"라고 말해야 할까?

만일 어떤 그리스도인이 중생했음에도 불구하고 그저 육체의 소욕에 사로잡혀 있고, 특히 이웃과 형제에 대한 배려와 관심 없이 이기적으로 산다면 주저 없이 위와 같이 말해야 한다. 그는 거듭나지 않은 그리스도인인 것처럼 자기 사랑에만 급급하고 늘 생각과 마음의 중심이 자아에만 쏠려 있기 때문에, 이렇게 권면하지 않을 수 없는 것이다.

둘째, 그러면 긍정적 견해는 전혀 해당되지 않는 것일까? 꼭 그렇지는 않다. 역시 여기 중생한 어떤 그리스도인이 있다고 하자. 그런데 안타깝게도 그는 과거에 입은 상처와 지나친 열등 의식에 사로잡힌 채 자신을 학대하고 완전히 받아들이지 못하고 있다. 그는 자신에 대해 대체로 비관적이고 늘 주눅이 들어 있는 상태이다.

이런 경우에는 긍정적 입장이 매우 효과적이다. 그리하여 그에게는 "네가 네 몸을 사랑하는 것에 더하여 네 이웃을 사랑하라," "네가 네 몸을 사랑한 연후에야 비로소 네 이웃을 사랑하라"라고 조언할 수 있을 것이다.

셋째, 대부분의 그리스도인은 중도적 견해를 지향한다. 그리스도인은 늘 자신의 죄 된 본성과 싸우고 성령 하나님의 지배와 인도를 바라며 산다. 그는 자기 사랑에서 자기 부인과 자기 긍정의 긴장 관계를 이해할 뿐더러 이 두 가지를 실제 성화의 노력 가운데 적절히 통합하고 있다. 그러므로 그에게는 "네 몸을 사랑해야 하는 마땅한 방도대로 네 이웃을 사랑하라"라고 권면하는 것이 가장 타당할 것이다.

이처럼 그리스도인에게는 중도적 견해가 가장 타당하지만 부정적 견해와 긍정적 견해 또한 개인의 신앙 형편에 따라 어느 정도 일리가 있다. 따라서 우리는 자신의 내면 상태를 면밀히 살피고, 스스로 얼마나 성숙해 있는지 돌아보면서 "네 이웃을 네 몸처럼 사랑해야" 할 것이다.

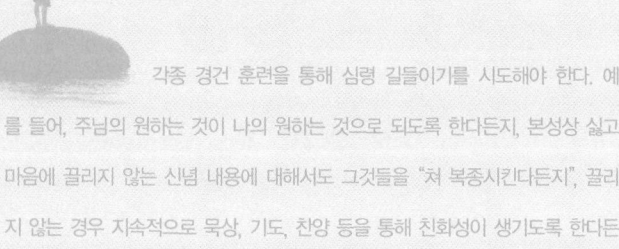

각종 경건 훈련을 통해 심령 길들이기를 시도해야 한다. 예를 들어, 주님의 원하는 것이 나의 원하는 것으로 되도록 한다든지, 본성상 싫고 마음에 끌리지 않는 신념 내용에 대해서도 그것들을 "쳐 복종시킨다든지", 끌리지 않는 경우 지속적으로 묵상, 기도, 찬양 등을 통해 친화성이 생기도록 한다든지 함으로써 어떻게 해서든 우리 안에서 의욕이 생기도록 힘써야 한다.

Part 2.

스스로를 다스리다

_바람직한 자아관

제4장 | Self-denial

자기 부인

무리와 제자들을 불러 이르시되, "아무든지 나를 따라 오려거든 자기를 부인하고 자기 십자가를 지고 나를 좇을 것이니라. 누구든지 제 목숨을 구원코자 하면 잃을 것이요 누구든지 나와 복음을 위하여 제 목숨을 잃으면 구원하리라." 막 8:34-35.

    이 시대는 실로 자기를 긍정하기를 좋아한다. 심지어 그런 활동에 걸신이 들린 듯 목말라 한다. 사람들은 자아와 연관된 것이면 자신의 몸이든, 성이든, 영혼이든 무조건 기본 권리를 주장하고 나선다. 자신의 욕구, 의견, 느낌을 다른 이들 앞에 당당히 표출한다. 돈, 쾌락, 편리함 등 자기 유익과 연관된 것들을 주저 없이 추구한다.

    이런 시대 풍조에서 '자기 부인'은 결코 인기 있는 주제일 수가 없다. 그리스도인들도 이런 표현이 낯설어 고개를 젓거나 돌리는가 하면, 마음속으로부터 거부한다.

그러나 과연 우리는 자기 부인이 무엇을 의미하는지 제대로 알고 배척하는 것일까? 상당히 많은 그리스도인들은 자기 부인을 '자기 학대'나 금욕주의적 멘탈리티 정도로 해석하고는 마음을 닫아 버린다. 이는 궁극적으로 자기 부인을 오해하고 곡해하기 때문이다.

따라서 먼저 자기 부인의 의미를 규명해야 한다. 자기 부인은 그릇된 자기 사랑과 반대되는 개념이다. 따라서 '자기 부인'의 의미를 밝히기 위해서는 '그릇된 자기 사랑'이 무엇인지 설명하고, 이것을 전부 반대로 뒤집어 이야기하면 된다.

자기 사랑 ➡ 그릇된 자기 사랑 ➡ 자기 부인

'자기 사랑'의 의미는 무엇일까?

첫째, 자아의 주체적 기능을 다하는 것이 자기 사랑의 기본이다. 자아가 주체적 기능을 한다는 것은 이미 제1강 자아와 자기 사랑에서 밝혔다. 자아는 지각, 인지, 의식에서 중심 활동을 하는 주체이다. 자아가 전제되지 않으면 이러한 지각 활동은 설명이 불가능하다. 또 자아의 주체적 기능은 도덕적 행위의 주체 노릇을 하는 데에서도 나타난다.

만일 우리에게 자아가 없든지 그 주체적 기능을 제대로 하지 못한다면, 약속과 용서, 처벌과 보상 같은 일체의 도덕적 행위는 찾아볼 수 없게 될 것이다. 따라서 이렇게 자아가 인지 활동이나 도덕적 행위에 있어 주체자로 모습을 나타내는 것이 자기 사랑의 근본적 방면이라고 하겠다.

둘째, 자기 보양(保養)과 자기 보호 또한 자기 사랑의 또 한 가지 모습이다. 인간은 거의 본능적으로, 자기에게 즐거운 것은 취하고 괴로운 것은 피한다. 이러한 '살아 남기 본능'은 그 자체로서 선하다. 만일 우리에게 이러한 본능이 사라져 버린다면, 인간은 수시로 위험에 처하고 해코지를 당하며 자기 몸조차 간수하지 못하게 되고 말 것이다. 다행히도 인간에게는 자기 보양과 자기 보호의 본능이 있기 때문에 이런 모든 비극적 사태를 미연에 방지할 수 있다. 이러한 본능의 발휘야말로 자기 사랑의 당연하고도 마땅한 모습이다.

셋째, 마지막으로 인생의 미래와 관련하여 자신의 뜻을 마음껏 펼치는 데 있다. 인간에게는 누구나 계획, 꿈, 이상을 실현하고자 하는 욕구가 있다. 그 욕구란 인생의 목표를 설정하고 그것을 달성하기 위해 열심히 뛰도록 만드는 정신적 에너지라고도 할 수 있다. 만일 이러한 자기 실현에의 욕구가 없다면, 게으르고 무계획적이며 동기 유발을 상실한 채 비참하게 살아갈 것이다. 이런 욕구가 결여되어 있는 존재는, 어떤 의미에서 정상적인 인간이라고 볼 수 없다. 그러므로 인간을 인간답게 만드는 자기 실현 욕구 또한 자기 사랑에 있어 매우 중요한 것이다.

만일 인간이 타락하지 않았다면, 지금까지 살펴본 세 가지 방면에서의 활동은 언제든지 긍정적인 것으로 환영 받았을 것이다. 그러나 불행히도 죄가 세상에 들어왔고, 인간의 자기 사랑도 오염과 부패로 얼룩지고 말았다. 그리하여 자기 사랑의 시도는 빈번히 왜곡된 자기 집착이나 자기 우상화로 귀착되곤 했다. 다음은 이렇게 그릇된 자기 사랑의 모습들이다.

첫째, 자기 중심성이 극대화되어 나타난다. 자아의 주체적 기능은 건전한 자기 사랑의 표현이지만, 타락한 인간의 자아는 거기에서 한 걸음 더 나아가 자기가 마치 모든 사태와 현상의 중심인 양 내세운다.

둘째, 극단적으로 쾌락을 추구한다. 인간의 쾌락 추구 본능이 그 자체로는 전혀 문제가 되지 않을지 모르지만, 타락한 인간은 더 높은 가치를 추구할 줄 모르고 주로 말초적이고 감각적인 쾌락에만 탐닉하고자 한다. 혹은, 무해한 쾌락 내용이라 할지라도 과도히 집착함으로써 극단적이 되는 우를 범한다.

셋째, 자아 실현 욕구가 분수를 넘는다. 욕망, 꿈, 계획, 이상의 실현은 지극히 당연한 인간 본유적 활동이지만, 타락한 인간은 자신의 야망에 들떠 하나님의 뜻이나 소원에는 아랑곳하지 않는다. 심지어 하나님의 뜻을 거스르면서도 자신의 뜻을 이루고자 동분서 주한다.

이처럼 타락의 위력에 사로잡힌, 즉 구속을 받았으나 아직도 죄의 영향을 받는 우리로서는 필요할 때 자기 부인의 용단을 내려야 한다. 그렇다면 그릇된 자기 사랑의 양상이 세 가지이듯 자기 중심성의 극대화, 극단적 쾌락 추구, 분수를 넘은 자아 실현 욕구를 뒤집은 자기 부정 역시 세 가지로 정리할 수 있을 것이다.

하나님의 뜻에 대한 순복으로서의 자기 부인

자기 부인의 첫째 영역은 자신의 뜻을 하나님의 뜻에 복속시키는 것이다. 예수 그리스도의 교훈과 모범에 의하면 하나님의 뜻에 순복하는 것이 자기 부인의 중요한 면모임을 알 수 있다. 우선, 예수께서는 자기 부인이 자기 십자가를 지는 것과 연관된다고 말씀하셨다.

> 무리와 제자들을 불러 이르시되, "아무든지 나를 따라 오려거든 **자기를 부인하고 자기 십자가를 지고 나를 좇을 것이니라**_막 8:34.

그런데 자기 십자가를 지는 것이 예수께는 자신의 뜻을 하나님의 뜻에 순복시키는 것이었다. 겟세마네 동산의 기도에서 역력히 드러난다.

> 조금 나아가사 얼굴을 땅에 대시고 엎드려 기도하여 가라사대, "내 아버지여! 만일 할 만하시거든 이 잔을 내게서 지나가게 하옵소서. 그러나 **나의 원대로 마옵시고 아버지의 원대로 하옵소서!**" 하시고_마 26:39.

예수께는 소원이 있었다. 그것은 잔이 그냥 지나가는 것, 바로 십자가를 지지 않는 것이었다. 예수께서 십자가를 지지 않기를 원했던 이유는, 신체적 고통이나 정신적 수치 때문이 아니라 하나님으로부터 영적으로 단절 마 27:46 되는 것이 두려웠기 때문이다. 그러나 끝내 예수께서는 하나님의 뜻에 자신의 뜻을 굴복시키시고 기꺼이 십자가를 지기로 결단하신다. 이처럼 십자가를 지는 것은 하나님의 뜻에 자기 뜻을 굴복시키는 일이었다.

이상 두 가지 진술을 종합하면 삼단논법에 의해 다음과 같은 결론이 도출된다.

(1) 자기를 부인하는 것은 자기 십자가를 지는 것이다 막 8:34.
(2) 자기 십자가를 지는 것은 자신의 뜻을 하나님의 뜻에 순복시키는 일이다 마 26:39.
(3) 자기를 부인하는 것은 자신의 뜻을 하나님의 뜻에 순복시키는 일이다.

그렇다. 우리는 때로 하나님의 뜻에 우리의 뜻을 굴복시켜야 한다. 하나님께서는 주권자로서 온 세상에 대해서든마 6:10; 엡 1:10-11 우리 개개인에 대해서든단 3:35, 자신의 뜻을 가지고 계신다. 또 개인과 관련해서도 생애 전체에 대해서든욥 14:5 인생의 크고 작은 일에 대해서든약 4:15 자신의 주권적 의지를 펼쳐 나가신다.

인간 역시 하나님의 형상을 따라 지음 받은 존재로서 소원을 품고, 또 의지에 따라 행동한다시 37:4; 단 1:8; 빌 2:13. 인간이 타락하지 않았다면 우리는 늘 우리의 뜻을 펼치면서도 결코 하나님의 뜻에 어긋나지 않았을 것이다. 그러나 타락한 인간은 때로 하나님의 뜻을 거스르며 자신의 뜻을 구현하고자 안간힘을 쓴다. 바로 이때, 하나님의 뜻에 자신의 뜻을 굴종시키는 것이 바로 자기 부인의 구체적인 모습이라고 할 수 있다.

자기 즐거움을 포기함으로서의 자기 부인

인간은 음식, 잠, 성, 운동, 기호, 오락 등을 통해 즐거움을 누리고 동시에 자기 보양도 꾀한다. 그러나 이런 즐거움들을 포기해야 하는 특별한 경우도 있다.

예를 들어, 앞에서 언급한 항목을 도를 지나쳐 추구하면 당사자에게 오히려 해악이 되기 때문에 당분간 연관 활동을 중지시키는 경우가 있다. 또 더 나은 목적 달성을 위해 위와 같은 즐거움의 항목들을 삼가기도 한다. 권투 선수가 시합을 앞두고 체중 조절을 위해 음식 섭취를 줄인다든지, 법대생이 고시 패스를 목표로 잠과 취미 생활을 최대한 줄인다든지 하는 것이 이에 해당한다.

그런데 이러한 즐거움의 포기는 그리스도인의 신앙 생활과 연관해서도 종종 필요하다. 다음 성구들은 이러한 포기 항목을 설명한다.

> 이스라엘 자손에게 고하여 그들에게 이르라. 남자나 여자가 특별한 서원 곧 나실인의 서원을 하고 **자기 몸을 구별하여 여호와께 드리거든 포도주와 독주를 멀리하며 포도주의 초나 독주의 초를 마시지 말며 포도즙도 마시지 말며 생포도나 건포도도 먹지 말지니 자기 몸을 구별하는 모든 날 동안에는 포도나무 소산은 씨나 껍질이라도 먹지 말지며**_민 6:2-4.

> 이르기를, "우리가 **금식하되** 주께서 보지 아니하심은 어찜이오며 우리가 **마음을 괴롭게 하되** 주께서 알아 주지 아니하심은 어찜이니이까?" 하느니라. 보라! 너희가 금식하는 날에 **오락을 찾아** 얻으며 온갖 일을 시키는도다_사 58:3.

> 어미의 태로부터 된 고자도 있고 사람이 만든 고자도 있고 **천국을 위하여 스스로 된 고자도 있도다**. 이 말을 받을 만한 자는 받을지어다_마 19:12.

고기도 먹지 아니하고 포도주도 마시지 아니하고 무엇이든지 네 형제로 거리끼게 하는 일을 아니함이 아름다우니라_롬 14:21.

서로 분방하지 말라. 다만 **기도할 틈을 얻기 위하여 합의상 얼마 동안은 [분방]하되** 다시 합하라. 이는 너희의 절제 못함을 인하여 사단으로 너희를 시험하지 못하게 하려 함이라_고전 7:5.

그러므로 만일 식물이 내 형제로 실족케 하면 **나는 영원히 고기를 먹지 아니하며 내 형제를 실족지 않게 하리라**_고전 8:13.

이러한 금지 행위는 그 자체로서 의미가 있는 것이 아니고 더 높은 목적을 달성하기 위한 수단일 때에야 가치가 있다. 어떤 때는 하나님에 대한 성별(聖別)이나 헌신, 사귐 때문_민 6:2-4; 사 58:3; 마 19:12; 고전 7:5_이기도 하고, 또 어떤 경우에는 형제 사랑을 염두에 둔 때문_롬 14:21; 고전 8:13_이기도 한다.

이와 비슷한 예로, 어떤 이는 아침 일찍 일어나 경건의 시간을 갖기 위해 밤 늦은 시간의 TV 시청을 삼갈 수 있다. 또 월터스토프(Nicholas Wolterstorff, 1932~) 같은 기독교 철학자는 제3세계 그리스도인과의 유대 의식을 표명하기 위해 해당 국가에 가는 일이 있어도 관광을 하지 않는 원칙을 고수한다. 나는 영화를 매우 좋아하지만 필요에 따라 '금화'(禁畵) 기간을 설정해 스크린을 멀리하기도 한다. 이 모든 금지 조치는 자신의 즐거움을 포기하는 것으로, 자기 부인의 일환이다.

즐거움을 포기함으로써 자기 부인을 시도하고자 할 때는 몇 가지 주의할 점이 있다. 첫째, 금지 행위의 대상 자체가 원래 악하다는 이원론적 혹은 금욕주의적 사고 방식은 위험하다. 오히려 성경의 증거에 의하면 "하나님의 지으신 모든 것이 선하매 감사함으로 받으면 버릴 것이 없다"딤전 4:4. 단지 더 높은 목적을 달성 하기 위해 일시적으로나 항구적으로 이런 항목들을 멀리하는 것뿐이다.

둘째, 이러한 자기 부인을 시도하는 이는 종종 교만해지려는 시험을 받기 때문에 조심해야 한다. 즉, 자신의 신앙이나 영성이 다른 이들보다 뛰어나다는 식으로 잘못 생각하여 자기 의에 빠지기가 쉽다는 것이다.

셋째, 자신의 자기 부인 행위나 그에 연관되는 특정 금지 조항을 표준으로 삼아 다른 그리스도인에게도 똑같이 부과시키려고 하지 말아야 한다. 즐거움을 포기하는 자기 부인은 자발적이어야 하고, 또 자기 개인에게 한정된 일임을 기억해야 한다.

자기 망각의 실행으로서의 자기 부인

인간의 자아는 두 가지 방향에서 이해할 수 있다. 우선 우리 자아는 기능적 주체이다. 자아는 지각, 의식, 판단에서 중심 활동을 하는 주체이며, 또 도덕적 행위의 주체 노릇을 한다. 이것을 기능적 주체로서의 자아라고 부르겠다.

한편 자아는 구심적 주체로도 파악할 수 있다. 자신의 자아를 존재의 최종 구심점이라 사칭하는 일로, 자기 중심성, 자기 확장, 자아 숭배, 자만, 그릇된 자기 자랑의 주체자로 나서는 모습을 의미한다.

기능적 주체로서의 자아는 아무런 문제가 없고 오히려 하나님께서 우리에게 허락하신 복된 모습이다. 그러나 구심적 주체로서의 자아는 전혀 그렇지 않다. 이것은 하나님을 반역하고 이웃을 능멸하는 죄 된 자아의 전형적인 모습이다. 순교, 헌신, 희생과 같은 고상한 활동도 구심적 주체로서의 자아와 접촉하면 가장 추하고 더러운 종교 행위로 전락해 버리고 만다. 예수께서는 이렇게 구심적 주체로서의 모습이 가장 확연히 드러나는 사례를 두 가지로 소개하셨다.

> 또 비유로 저희에게 일러 가라사대, "한 부자가 그 밭에 소출이 풍성하매 심중에 생각하여 가로되, '내가 곡식 쌓아 둘 곳이 없으니 어찌할꼬?' 하고 또 가로되, '내가 이렇게 하리라. 내 곡간을 헐고 더 크게 짓고 내 모든 곡식과 물건을 거기 쌓아 두리라.' 또 **내가 내 영혼에게 이**

르되, '**영혼아!** 여러 해 쓸 물건을 많이 쌓아 두었으니 **평안히 쉬고 먹고 마시고 즐거워하자**' 하리라" 하되_눅 12:16-19.

또 **자기를 의롭다고 믿고 다른 사람을 멸시하는 자들**에게 이 비유로 말씀하시되, "두 사람이 기도하러 성전에 올라가니 하나는 바리새인이요 하나는 세리라. 바리새인은 서서 따로 기도하여 가로되, '하나님이여! **나는 다른 사람들 곧 토색, 불의, 간음을 하는 자들과 같지 아니하고 이 세리와도 같지 아니함을 감사하나이다.** 나는 이레에 두 번씩 금식하고 또 소득의 십일조를 드리나이다" 하고_눅 18:9-12.

두 비유의 주인공들은 그들의 자아가 구심적 주체로서의 자기중심적·자기 우상화적 태도를 여실히 반영하고 있다. 그들의 자아로부터 나오는 언사는 그것이 독백이든 눅 12:19 기도든 눅 18:11 모두 나르시스적 주문으로 범벅이 되어 있다. 이런 모습이야말로 구심적 주체로서의 전형적인 모습이라고 할 수 있다.

구심적 주체로서의 자아는 신앙 생활에도 그 추한 모습을 끊임없이 드러내는데, 그 모습이 얼마나 교묘하고 뻔뻔스러운지 모른다. 예를 들어, 여러 사람 앞에서 어떤 칭찬이나 인정을 받을 때에는 이미 다른 이들이 내가 칭찬 받는다는 것을 다 알기 때문에 구심적 주체로서의 자아가 잘 발동하지 않는다.

그러나 나 혼자만 알고 있는 순간에는 이야기가 다르다. 예를 들어, 내가 기도 생활을 제대로 영위하지 못하다가 어떤 날 아침 진실하고 만족스런 기도를 하게 되었다고 하자. 그 순간 내 마음속에는 '야, 내가 이렇게 능력 있게 기도하다니, 나도 이제 대단한 인물이 되었어', '아마 K 집사도 나처럼 이렇게 깊은 기도는 하지 못했을 걸', 아니면 '내 신앙이 이런 정도에 도달했다는 걸 왜 사람들은 눈치 채지 못하는 것일까?' 등의 생각이 번개처럼 스쳐간다. 기도의 예를 들었지만, 이것은 겸손, 은사, 희생, 헌금, 전도 등 다른 종교 활동이나 미덕과 관련해서도 똑같은 이야기를 할 수 있을 것이다.

그러면 우리는 어떻게 이러한 구심적 주체로서의 자아 문제에 대처할 수 있을까? 어떻게 해야 자아가 구심적 주체로서 활동하는 것을 막을 수 있을까? 또 이런 경우에 자기 부인은 무엇을 의미하는 것일까? 바로 이 시점에서 자기 망각(self-forgetfulness)이라는 마음 자세를 자기 부인의 한 가지 방도로 소개하고자 한다.

자기 망각이란 현재 인식하고 있는 대상에 몰두함으로써 그 대상만이 표면에 부각되고 그러한 대상을 인식하고 있는 자신에 대해서는 까맣게 잊어버리는 정신 활동이다. 예를 들어, 우리는 지는 황혼의 아름다운 모습에 취해 있을 때 자기 망각의 상태에 있는 것이다. 만일 이때 "이야, 내가 황혼을 이토록 순수하게 감상하다니 …… 나는 미적 감각이 보통 뛰어난 게 아닌가 봐"라고 하든지, "황혼 한번 보고 이렇게 뭉클해하는 것 좀 보게나. 거 참 예술적 감수성도 탁월하지"라고 한다면, 이는 진정한 황혼 감상이 아니고 오히려 구심적 주체로서의 자아가 발현된 것이라 해야 할 것이다.

만일 누가복음 18장에 나오는 바리새인이 시종일관 기도의 대상이신 하나님께 집중해 있었다면, 다시 말하여 "은밀한 중에 계신 아버지께 기도했다면"마 6:6 이는 자기 망각의 좋은 예가 될 수 있을 것이다. 또 시각 장애인으로서 찬송가 작사가였던 크로스비(Fanny Jane Crosby, 1820-1915)가 204장 3절 가사에서 "세상과 나는 간 곳 없고 구속한 주만 보이도다"라고 말한 것도 자기 망각의 전형적인 예로 이해할 수 있을 것이다.

이렇게 본다면 자기 망각과 구심적 주체로서의 자아 활동은 서로 상극이다. 어떤 이가 자기 망각 상태에 있다면 그에게서 구심적 주체로서의 자아는 찾아볼 수 없을 것이다. 반대로 구심적 주체로서의 자아가 보이는 한 자기 망각의 삶을 사는 일은 불가능할 것이다. 이런 의미에서 자기 망각을 자기 부인의 한 항목으로 소개했다.

자기 망각은 어느 한순간에 습득되는 인스턴트식 신앙적 자질이 아니다. 오랜 시간 지속적인 훈련을 통해 비로소 이루어지는 마음의 습관이다. 또 어느 정도 자기 망각 훈련이 되어 있다고 생각하는 이들도 종종 정도에서 이탈하곤 한다. 가장 아이러니컬한 사실은 이러한 마음의 태도가 형성되어 있다는 그 사실조차 구심적 주체로서의 자아에 의해 농락당할 수 있다는 것이다.

그러나 그렇다고 하여 자기 망각 훈련이 마음의 습관으로 자리 잡도록 힘쓰는 일을 게을리하거나 회피해서는 안 된다. 오히려 그럴 때마다 자아를 구심적 주체로서 내세운 자신의 바리새인 같은 모습을 한시 바삐 회개하고, 은밀히 보시는 아버지께 경건의 초점을 맞춤으로써 다시금 자기 망각 훈련을 지속해야 한다. 왜냐하면 이것은 자기 부인을 실현하는 데 있어서 가장 중요한 방도이기 때문이다.

앞에서도 밝혔듯이 자기 부인은 오늘날 인기가 없는 주제이다. 그러나 사람들에게 인기가 있든 없든, 명령을 베푸신 주님께 초점을 맞추어야 한다. 그리하여 순종할 따름이다. 하나님의 뜻에 우리 자신의 뜻을 순복시킴으로써, 때론 자신의 즐거움을 포기함으로써, 그리고 자기 망각의 내면적 훈련을 지속함으로써 말이다.

제5장 | Self-examination

자기 성찰

너희에게나 다른 사람에게나 판단 받는 것이 내게는 매우 작은 일이라. 나도 나를 판단치 아니하노니 내가 자책할 아무것도 깨닫지 못하나 그러나 이를 인하여 의롭다 함을 얻지 못하노라. 다만 나를 판단하실 이는 주시니라. 그러므로 때가 이르기 전 곧 주께서 오시기까지 아무것도 판단치 말라. 그가 어두움에 감추인 것들을 드러내고 마음의 뜻을 나타내시리니 그 때에 각 사람에게 하나님께로부터 칭찬이 있으리라 _고전 4:3-5_.

자기 성찰은 무엇일까?

사람들 사이에서 널리 발견되는 자기 성찰은 대체로 어떤 특징을 가진 정신 활동일까? 두 가지 사항을 언급할 수 있을 것이다.

<u>스스로를 한 번 더 돌아보기</u>
첫째, 자기 성찰은 자기 자신을 되비쳐 보는 자기 반성의 한 부분이다. 그런데 자기 반성은 동물과 사람을 구별 짓는 인간 본유의 정신 활동 가운데 하나로 간주할 수 있다.

동물들도 욕구를 가지고 있고 또 그 욕구에 따라 행동한다. 예를 들어, 배고픈 하이에나는 먹을 것을 찾아 초원을 누비다가 먹이가 눈에 띄면 앞뒤 가리지 않고 달려들어 자기 것으로 취한다. 그는 그저 배고픔을 채우려는 욕구에 따라 행동할 따름이다.

그러나 인간은 그렇지 않다. 아무리 배가 고프고 눈앞에 진수성찬이 차려져 있어도, 과연 자신이 누구의 음식을 앞에 놓고 있는 것인지, 또 지금 먹을 경우 무슨 문제를 일으키지는 않을지 생각을 한다. 그리고 나서 괜찮을 것 같다는 판단이 서면 그제야 음식을 먹는다.

하이에나는 본능적 욕구에 따라 행동하지만(일차적 반응), 인간은 배가 고프다고 하여 무조건 음식에 달려들지 않고 오히려 한 걸음 뒤로 물러서 그러한 자신의 욕구를 되비쳐 본(이차적 평가) 후에야 필요한 조치를 취한다. 동물에게는 욕구를 충족하기 위한 일차적 반응이 전부지만, 인간은 자신의 그러한 욕구를 되비쳐 보는 더 높은 차원의 판단 행위를 수행한다는 것이다.

바로 여기에서 자아의 독특한 면모가 두드러진다. 자아는 다른 모든 사물과 현상을 파악하는 판단의 주체이되 필요한 경우 동시에 판단의 대상(객체) 가운데 자기 자신을 포함시키기도 한다. 자아는 이렇게 한꺼번에 판단의 주체와 판단의 객체가 된다는 점에서 독특하다. 아울러 판단과 관련해 이와 같은 이중 작용이 일어나기 때문에 자기 반성과 자기 성찰이 가능한 것이다.

다른 사람의 시선으로 자신을 바라보기

둘째, 자기 성찰은 우리가 평소와 달리 깊은 수준의 사고 작용에 참여하도록 도와준다. 우리는 늘 여러 종류의 사고 활동을 하고 있지만 대부분의 경우 피상적 수준을 벗어나지 못한다. 그러나 만일 자기 성찰을 했다고 한다면, 거기에는 반드시 자신의 됨됨이나 활동과 관련하여 심층적 탐구가 있었다는 뜻이 된다.

왜냐하면 자기 성찰은 자신의 행위, 노력, 활약, 반응 등을 그저 외적 발현의 면으로만 파악하는 일이 아니기 때문이다. 어떤 때는 행위자인 자신의 내면으로 들어가 그런 행위를 하게 된 심리적 동기와 이유와 정신적 요인을 집요하게 탐색한다. 이러한 내면적 자기 분석 작업이 외부적 관찰 노력보다 더 심원한 성격의 활동임은 삼척동자라도 알 수 있을 것이다.

자신의 행위나 활동에 대한 심층적 평가와 분석은 또 어떤 경우 다른 이의 시각과 관점에서 나를 살필 수 있을 때 이루어지기도 한다. 다시 말해서 그저 내가 나를 보는 것이 아니라 흡사 내가 다른 인물을 보듯이 나를 보는 것이다.

우리는 늘 자신의 시각과 관점에서 자신을 파악한다. 그런데 우리의 시각은 상당히 많은 경우 편견과 선별적 인식으로 물들어 있기 때문에 객관적이고 정확한 판단을 하지 못한다. 바로 이럴 때 다른 사람의 시각과 다른 사람의 관점을 의도적으로 채택하여 나 자신을 바라볼 때, 편견과 선별적 인식의 문제가 줄어들고 따라서 나 자신의 참 모습을 있는 그대로 파악할 수 있을 것이다.

자기 성찰은 이와 같이 자신을 되비쳐 보는 이차적 평가 활동이요, 자기 내면의 진면목을 탐구하는 심층적 분석 활동이라는 점에서 다른 정신 활동과 구별이 된다.

바울의 자기 성찰

자기 성찰은 이토록 모든 사람에게 귀중한 경험이지만, 그리스도인에게는 더욱 더 의미 있고 필요한 정신 활동이다. 만일 그리스도인에게 자기 성찰이 없다면, 마치 축구 선수가 체력 단련을 하지 않는다거나 국어 교사가 한글 실력이 형편없는 경우와 같다. 따라서 그리스도인 사역자들은 가끔 고요한 순간에 스스로 자문하곤 한다. "나는 과연 목회자의 길을 제대로 걷고 있는가?" 하고 말이다. "남들이 보기에는 어땠을까? 아니, 하나님께서 보시기에는?" 우리의 자문은 꼬리에 꼬리를 물고 계속된다.

바울도 마찬가지였다. 특히 고린도전서 4장 1-5절에는 바울의 이러한 자기 성찰 모습이 생생히 기록되어 있다. 1-2절에서 결국 일꾼에게 중요한 것은 '충성', 곧 '성실함'이라는 사실을 밝힌다. 그러고서 그는 곧장, 과연 자기 자신은 충성스런 일꾼인지 자신의 내면을 성찰한다. 바울의 자기 성찰은 다음과 같은 세 가지 요소로 구성되어 있다.

> (1) 남들이 나를 어떻게 보는가?[他判] : "너희에게나 다른 사람에게 판단 받는 것" 3절 상반.
> (2) 나 자신의 양심에 비추어 볼 때 어떤가?[自判] : "내가 나를 판단함; 내가 자책함" 3절 하반-4절 상반.
> (3) 궁극적으로 주님께서 나를 어떻게 보실 것인가?[主判] : "나를 판단하실 이는 주님" 4절 하반.

바울이 채택한 위 세 가지 항목을 계기로 하여 그리스도인의 자기 성찰이 왜 필요하고, 얼마큼 중요한지 살펴보고자 한다.

내면의 동기와 목적을 들여다보라[自判]

신앙은 외적 행위뿐 아니라 내면의 동기와도 긴밀한 연관이 있으므로 자기 성찰은 도저히 간과할 수 없는 정신 활동이다.

대부분의 그리스도인들은 신앙 생활의 의미를 외적 활동이나 규정의 준수에서 찾는다. 물론 그리스도인의 신앙 생활에는 그러한 외적 활동이나 규정의 준수도 포함되어 있다. 그러나 결코 그것만이 전부가 아니다. 그보다 더 본질적인 것은 그러한 외적 활동과 규칙 준수를 하는 내면의 동기와 목적이 무엇이냐 하는 것이다.

만일 어떤 그리스도인이 외적 활동이나 규정을 준수하는 데 있어 완벽하다 할지라도 그 마음의 숨은 동기와 목적이 그릇되어 있다면, 그의 신앙은 위선적인 신앙이다. 그리하여 주님으로부터 비난을 들을 수밖에 없는 비참한 처지에 빠져 있다고 보아야 할 것이다. 이 점은 무엇보다도 산상 수훈 몇 구절에 명확히 제시되어 있다.

> **사람에게 보이려고** 그들 앞에서 너희 의를 행치 않도록 주의하라. 그렇지 아니하면 하늘에 계신 너희 아버지께 상을 얻지 못하느니라. 그러므로 **구제할 때**에 외식하는 자가 **사람에게 영광을 얻으려고** 회당과 거리에서 하는 것같이 너희 앞에 나팔을 불지 말라. 진실로 너희에게 이르노니 저희는 자기 상을 이미 받았느니라 …… 또 너희가 기도할 때에 외식하는 자와 같이 되지 말라. 저희는 **사람에게 보이려고** 회당과 큰 거리 어귀에 서서 기도하기를 좋아하느니라. 내가 진실로 너희에게 이르노니 저희는 자기 상을 이미 받았느니라 …… **금식할 때에** 너희는 외식하는 자들과 같이 슬픈 기색을 내지 말라. 저희는 금식하는 것을 **사람에게 보이려고** 얼굴을 흉하게 하느니라. 내가 진실로 너희에게 이르노니 저희는 자기 상을 이미 받았느니라_마 6:1, 2, 5, 16.

주님은 제자들(또 마 23:1-12와의 연계성을 생각한다면 바리새인과 서기관 등 종교 지도자들)의 신앙 생활에 깊이 자리 잡은 위선을 뼈아프게 지적하신다. 그런데 그 지적의 내용은 그들이 "의를 행함"[1절]과 같은 경건한 노력을 하지 않는다는 것이 아니었다. 본문에 나타나다시피 오히려 그들은 "구제"[2절], "기도"[5절], "금식"[16절] 등 경건 훈련에 총력을 기울이고 있었다.

그런데 문제는 그러한 경건 훈련을 하는 마음의 동기와 목적이 그릇되어 있다는 사실이었다. 그들은 "사람에게 보이고 영광을 얻기 위함"[1, 2, 5, 16절]을 목적으로 훈련을 했다. 그들이 외적 활동과 규정의 준수라는 면에서는 구제와 기도와 금식에 힘을 쏟고 분주히 움직였지만, 정작 그 마음의 시선은 하나님께 쏠려 있지 않고 자기 영광과 자기 자랑에 탐닉되어 있었던 것이다. 바로 이것이 종교적 위선자의 문제였다.

후에 종교 지도자들의 위선을 본격적으로 질타하시는 주님의 가르침을 보면 그들의 신앙 모습이 얼마나 가증스러운지 기가 막힐 지경이다. 특히 십일조와 결례(潔禮)에 대한 묘사에는 이 점이 너무나 사실적으로 기술되어 있다.

화 있을진저! 외식하는 서기관들과 바리새인들이여! 너희가 박하와 회향과 근채의 십일조를 드리되 율법의 더 중한 바 의(義)와 인(仁)과 신

(信)은 버렸도다. 그러나 이것도 행하고 저것도 버리지 말아야 할지니라 …… 화 있을진저! 외식하는 서기관들과 바리새인들이여! **잔과 대접의 겉은 깨끗이 하되 그 안에는 탐욕과 방탕으로 가득하게 하는도다**_마 23:23, 25_.

어떻게 하면 이러한 종교적 위선 문제를 해결할 수 있을까? 주님은 이런 모든 의의 행동들을 열심히 행하되, 반드시 올바른 동기 4, 6, 18절를 가지고 해야 된다고 밝히셨다. 바로 여기에 자기 성찰의 중요성이 담겨 있다.

우리가 하는 모든 사역과 활동이 과연 나의 자랑과 나의 영광을 위해서 하는가? 아니면 은밀히 보시는 우리 아버지를 진정으로 기쁘게 해 드리기 위해서 하는가? 라고 질문하면서 철저히 자신의 내면을 성찰해야 한다는 것이다. 만일 이러한 내면적 노력을 하지 않고 그저 외적 행위와 형식에만 매달린다면, 주님의 날카로운 비판과 지적은 바리새인들뿐 아니라 우리를 겨냥할 수도 있을 것이다.

자기 중심적 사고를 벗어 버리라[他判]

스스로에게 엄밀한 잣대를 적용하라

신앙은 다른 이의 관점에서 나를 바라보는 훈련이므로 끊임없는 자기 성찰을 해야 한다.

　인간은 지긋지긋할 정도로 자기 중심적인 시각과 안목에 사로잡혀 있다. 한편으로는 이것이 자연스럽고 당연하지만, 앞에서도 밝혔듯이 우리의 시각이 편견과 선별적 인식으로 오염되는 수가 많기 때문에 문제가 된다. 이에 대한 해결책은 다른 이의 관점과 시각 속으로 들어가는 훈련을 하는 것이다.

　사람들은 이것을 관점적 이해(perspectival understanding)라고 말한다. 즉 다른 이의 관점과 시각에서 사물을 보고 정황을 판단하고, 심지어 나의 모습조차 그런 관점에서 조망하는 것이다. 이렇게 하는 과정에서 필연적으로 자기 성찰이 요구된다.

　다윗이 밧세바와 더불어 엄청난 범죄를 저질렀을 때 그것을 깨닫게 된 것도 결국은 관점적 이해 때문이었다. 사실 다윗의 행동거지는 "여호와 보시기에 악했다"삼하 11:27고 할 정도로 극악무도했다. 그는 이 사건에서 다섯 가지 계명인, '살인' (6계명), '간음' (7계명), '도적질' (8계명), '거짓 증거' (9계명), '탐욕' (10계명)을 한꺼번에 어겼다. 물론 다윗은 자신의 엄청난 사악함과 죄 된 본성을 깨닫고 철저하게 회개했다시편 51.

　다윗이 이토록 자신의 죄악을 철저히 회개한 것은 근본적으로 하나님의 성령에 의해 조명을 받았기 때문이다. 동시에 인간의 견지에서 말하자면 선지자 나단의 지혜로운 접근도 큰 역할을 했다.

이것이 바로 비유의 도입과 '관점적 이해'의 방식을 통한 죄의 지적이다.

나단은 다윗에게 한 가지 이야기를 들려주었는데, 거기에 등장하는 부자는 가난한 이를 착취하는 인물이었다 삼하 12:1-4. 부자는 자기 재물이 풍성하면서도 자기에게 온 행인을 접대하기 위해 가난한 자의 새끼 양을 빼앗았다. 다윗은 이에 대해 노발대발했고 "이 일을 행한 사람은 마땅히 죽을 자라" 삼하 12:4고 말했다.

이때 나단은 기회를 놓치지 않고 바로 그 부자가 다윗 자신임을 지적했다 12:6. 그러고는 자신이 그렇게 생각하는 이유를 밝혔다 12:7-9. 이것이 바로 관점적 이해의 방식이었고, 다윗은 처음으로 우리아라는 피해자의 입장에서 자신의 행동을 바라볼 수 있었다. "내가 여호와께 죄를 범하였노라" 12:13는 고백은 바로 이러한 관점적 이해의 산물이었다.

남을 보듯 자신을 바라보라

자기 성찰의 노력과 연관한 관점적 이해는 이외에도 몇 가지 면에서 신앙에 도움이 된다. 첫째, 자기 객관화(self-objectification)가 가능해진다. 바울은 자신의 모습과 관련하여 "맨 나중에 만삭되지 못하여 난 자 같은 나 …… 나는 사도 중에 지극히 작은 자" 고전 15:8-9라고 약점을 밝혔다. 그런가 하면 곧이어 "내가 모든 사도보다 더 많이 수고하였다" 15:10고 자신의 장점 또한 거침없이 토로한다.

그런데 이런 작업은 열등 의식이나 우월 의식 같은 심리적 소용돌이 속에서 이루어진 것이 아니고, 흡사 남이 자기 자신을 보듯이 덤덤한 상태에서 이루어졌다. 이러한 자기 객관화가 가능한 것은 바로 관점적 이해 덕분이었다.

둘째, 다른 이의 비난을 들을 때 현실감 있는 반응을 할 수 있게 된다. 공동체 내에서 다른 이로부터 비난의 소리를 듣게 되면, 대부분의 경우 우리는 무척 당황할 뿐 아니라 큰 상처를 입는다. 그러나 이때 해당 사안을 다른 사람(비난자 및 제3자)의 입장에서 조망할 경우 불필요한 상처와 괴로움이 상당히 줄어드는 것을 경험한다.

역시 다윗의 예를 들 수 있겠는데, 한때 다윗은 아들인 압살롬의 반역 때문에 부득이 예루살렘 밖으로 피신을 해야 했다. 그때 시므이가 다윗을 저주하자 부하인 요압은 그를 쳐 죽이자고 제안했으나, 다윗은 그를 말린다. "내 몸에서 난 아들도 내 생명을 해하려 하거든 하물며 이 베냐민 사람이랴?" 삼하 16:11. 자신이 직면한 사태를 다른 사람의 시각에서 객관적으로 볼 수 있었기 때문에 가능했다. 이 얼마나 성숙한 태도인가?

다른 이의 시각에서 나를 보는 관점적 이해 없이는 신앙이 성숙할 수 없다. 그리고 관점적 이해는 자기 성찰의 중요한 수단이기 때문에 결코 등한시해서는 안 된다.

하나님이 나를 어떻게 보실까?[神判]

신앙은 궁극적으로 하나님께서 나를 어떻게 평가하시느냐의 문제이기 때문에 자기 성찰은 반드시 필요한 과제이다.

신앙에서 가장 중요한 것은 결국 하나님의 평가이기 때문에 우리는 자기 성찰을 하지 않을 수가 없다. 만일 우리의 신앙이 사람들의 평판이나 의견에 좌우되는 것이라면, 우리는 그저 사람을 기쁘게만 하면 될 것이다. 그러나 그리스도인의 신앙은 모든 면에서 하나님을 지향하는 것이므로, 자연히 하나님께서 나를 어떻게 보실까에 초점을 맞추게 된다.

고린도전서 4장 1-5절에서 바울이 다른 이로부터 받는 타판이나 자기 자신에 의한 자판조차도 장차 하나님께서 하실 신판에 종속시킨 것은 바로 그런 까닭이었다. 그가 신판을 타판과 자판보다 우위에 둔 것은 두 가지 이유 때문이었다.

첫째, 인간은 인식의 제약과 오류 때문에 완전히 정확한 판단을 할 수가 없다. 오직 주님만이 마음 속 숨은 동기, 즉 '마음의 뜻' _{고전 4:5}을 드러내시고, 그에 따라 합당한 판정을 내리실 수 있는 것이다. 둘째, 우리가 받는 칭찬이나 비난 가운데 가장 중요한 것은 하나님으로부터 받는 칭찬과 비난이다. 우리가 타판과 자판에 의해 칭찬의 대상이 되었다고 해도, 하나님께서 그렇게 해 주시지 않으면 아무런 의미가 없다. 바울은 바로 이러한 두 가지 이유 때문에 하나님의 판단을 가장 우위에 놓았던 것이다.

오늘날 우리도 마찬가지이다. 물론 자기 점검을 해야 하고 사람들의 평판에도 어느 정도 신경을 써야 한다. 그러나 가장 큰 관심을 가지고 조심하며 애써야 할 것은 바로 하나님의 판정이다. 결국 우리는 하나님 앞에서 사는 것이고, 하나님을 기쁘시게 하기 위해 사는 것이다. 그러니 우리에게는 뼈를 깎는 자기 성찰의 노력이 얼마나 많이 필요하겠는가?

사실 이렇게 하나님 앞에서 자신의 모습을 되비쳐 보는 일은, 하나님이 어떤 분이신가 하는 것과 긴밀히 연관이 된다.

여호와께서 사무엘에게 이르시되, "그 용모와 신장을 보지 말라. 내가 이미 그를 버렸노라. **나의 보는 것은 사람과 같지 아니하니 사람은 외모를 보거니와 나 여호와는 중심을 보느니라**" _삼상 16:7.

내 아들 솔로몬아! 너는 네 아비의 하나님을 알라고 온전한 마음과 기쁜 뜻으로 섬길지어다. **여호와께서는 뭇 마음을 감찰하사 모든 사상을 아시나니** 네가 저를 찾으면 만날 것이요 버리면 저가 너를 영원히 버리시리라_대상 28:9.

지으신 것이 하나라도 그 앞에 나타나지 않음이 없고 **오직 만물이 우리**

를 상관하시는 자의 눈 앞에 벌거벗은 것같이 드러나느니라_히 4:13.

바로 이런 하나님을 모시고 사는 우리로서는 시시때때로 하나님 앞에서 자기 성찰을 시도해야 한다. 이에 대한 성경 기자들의 태도와 권면을 보자.

하나님이여! 나를 살피사 내 마음을 아시며 나를 시험하사 내 뜻을 아옵소서! 내게 무슨 악한 행위가 있나 보시고 나를 영원한 길로 인도하소서!_시 139:23-24

종들아! 모든 일에 육신의 상전들에게 순종하되 사람을 기쁘게 하는 자와 같이 눈가림만 하지 말고 **오직 주를 두려워하여 성실한 마음으로 하라. 무슨 일을 하든지 마음을 다하여 주께 하듯 하고** 사람에게 하듯 하지 말라_골 3:22-23.

왜 이런 태도가 필요할까? 우리의 신앙은 결국 하나님의 평판에 그 의미와 가치가 달려 있기 때문이다.

오늘날 그리스도인들의 신앙 생활을 보면 너무 외형에만 치중하고, 그저 위신과 체면만을 중시하는 경향이 있다. 아마 이것은 인간 본성의 부패와도 연관이 있고, 또 잘못된 유교 문화의 영향 때문이기도 할 것이다. 그러므로 우리는 이러한 부패적 성향 및 세상 정신과 용기 있게 싸워야 한다.

참신앙은 내면의 동기가 올바를 때에야 외적 행위가 그 가치를 발휘하기 때문에, 또 빈번히 타인의 관점과 시각에서 나를 보아야 하기 때문에, 그리고 무엇보다도 하나님의 판정과 평가를 중요시하기 때문에, 부단히 자기 성찰에의 노력과 훈련을 아끼지 말아야 할 것이다.

제6장 | Self-control

자기 절제

오직 성령의 열매는 사랑과 희락과 화평과 오래 참음과 자비와 양선과 충성과 온유와 절제니 이 같은 것을 금지할 법이 없느니라_갈 5:22-23.

스스로를 다스리라

'자기 절제'는 문자 그대로 자신을 제어하고 통제하는 일로, 주로 욕망이나 반응을 절제하는 것과 연관이 있다. 이 단어의 헬라어 엥크라테이아(ἐνκράτεια)는 엔(ἐν) (~에)과 크라토스(κράτος)[힘, 세력, 주권]의 합성어로서 굳이 따지자면 '내면의 힘' 혹은 '자체 내의 힘'이라는 의미가 있다. 한글판 개역성경에서는 '절제' 행 24:25; 갈 5:23; 벧후 1:6로 번역되어 있다.

갈라디아서 5장 22-23절에는 절제가 성령의 열매 가운데 한 가지 항목으로 나타나 있다. 열매는 그것을 산출시키는 존재의 능력과 성품을 입증하는 것이기 때문에요 15:5, 16, 성령의 열매는 결국 성령께서 어떤 능력과 어떤 성품을 지닌 분이신지를 반영한다. 그런데 이곳의 '열매' 는 단수로 되어 있다. 어떤 이들은 이것을 이유로 성령의 열매는 결국 사랑인데 바로 이 사랑이 다른 여러 측면으로 나타나기 때문이라고들 말한다.

그러나 또 다른 이들은 성령의 열매는 아홉 가지 미덕이 하나의 통일체를 이룬 것으로 생각하기도 한다. 또, 성령의 열매와 연관된 아홉 가지 사항은 이미 합법적인 것이므로 이런 것들을 금지하는 법을 정하느라 부심할 필요가 없다. 원래 법은 범법자들의 범법 행위 때문에 만들어진 것이기 때문이다 딤전 1:9-10.

자기를 절제하고 통제한다 함은 자아의 모습과 기능이 현실로 나타날 때 스스로 다스리고 억제하고 조절한다는 뜻이다. 물론 이 경우 자아와 무관하게 자기 절제가 일어난다고 생각해서는 안 된다. 자기 절제를 하는 것도 결국 자아이므로, 자아가 절제의 대상으로 나타나 있다고 하여서 자아의 상실을 추론할 필요는 없다.

심지어 성령님에 의해 자기 절제가 이루어진다고 명시하는 경우에도, 자아가 성령께 흡수되거나 자아가 사라지고 성령님만이 역사한다는 뜻이 아니다. 오히려 성령께서 자아에 능력을 공급하셔서 자아가 필요한 기능을 다하도록 돕는다는 것이다. 다시 말하자면,

자아가 자기에게 나타나는 바 과도한 기능과 활동을 제대로 다스리고, 억제하고, 조절할 수 있도록, 성령께서 자아에게 신령한 힘을 공급하시는 것이다.

우리 안에서 역사하시는 성령 하나님

성령께서 우리에게 힘을 공급하실 때, 자기 절제의 경우에는 특히 우리의 의지에 역사하시는 것으로 생각할 수 있다. 물론 성령께서 우리의 지성(인지)과 감정(정서)에도 역사하시지만, 통제나 조절 등의 개념은 의지와 연관시키는 것이 더 자연스럽다. 보통 인간의 행동은 신념과 욕구로부터 출발한다고 생각되는데, 바로 이 과정을 성령께서 활성화하시는 것으로 볼 수 있다. 그 과정은 다음과 같다.

물론 '욕구'는 다음 그림과 달리 정서와 의지 사이에 있는, 아니면 두 가지를 함께 아우르는 기능으로 간주할 수도 있기 때문에 이론적 분석 작업이 좀 더 복잡하지만, 일단은 단순화시켜 설명하고자 한다.

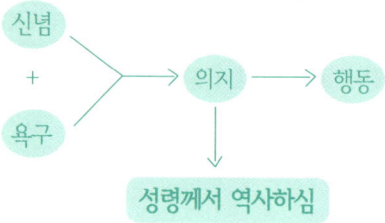

바울의 설명은 이러한 심리 과정을 묘사하는 것으로 이해할 수 있다.

> 너희 안에서 행하시는 이는 하나님이시니 자기의 기쁘신 뜻을 위하여 **너희로 소원을 두고 행하게** 하시나니_빌 2:13.

하나님께서는 그리스도인의 내면에 자리 잡고 역사하신다. 궁극적으로 하나님의 기쁘신 뜻을 이루기 위함이다. 그런데 그가 우리 안에 내주하심으로써 우리가 소원을 갖도록 하시고 -- 소원의 주체자는 하나님이 아니고 인간이다 -- 또 행하게 하신다. 비록 이 경우 '신념'의 요소는 명시적으로 나타나 있지 않지만, 이미 전제되어 있는 것으로 볼 수 있다.

그런데 성령께서 우리의 의지에 역사하셔서 자기 절제가 가능하다고 말을 했지만, 따져 보면 여기에도 세 가지 유형이 있을 수 있다. 그런데 이 세 유형은 근본적으로 자연 질서와 연관된 하나님의 섭리 방식으로부터 유추할 수 있다.

포도주 사건과 오병이어 현상

첫 유형은 소위 '기적'의 한 형태로서, 사물의 내면적 변화를 통한 섭리 방식이다. 대표적인 예로, 물로 포도주를 만든 사건_요 2:1-9

과 오병이어 현상마 14:19-21을 언급할 수 있다. 물은 그대로 내버려 둘 경우 물로 남아 있지, 결코 포도주로 바뀌지 않는다. 그런데 예수께서는 물의 본질을 바꾸어 포도주가 되도록 하셨다(질적 변화).

또 오병이어는 문자 그대로 보리떡 다섯 개와 물고기 두 마리로서, 자연 질서만을 전제하는 한 그 양이 5,000배씩이나 폭발적으로 증가하지 않는다. 그런데 예수께서 이것을 가지고 축사하시자 남자만 5,000명 되는 군중이 먹고도 남았다(양적 변화). 이 두 가지 사건이 질적 변화와 양적 변화라는 점에서는 좀 차이가 있지만, 어쨌든 사물의 내면에 변화가 일어났다는 점에서는 똑같다고 할 수 있다.

베드로의 만선

둘째 유형 역시 '기적'의 또 다른 형태인데, 이는 사물에 대해 외부적 영향을 끼치는 식의 섭리 방식이다. 대표적인 예로서, 메추라기 현상민 11:31과 베드로의 만선 사건눅 5:5-6이 이에 속한다. 메추라기의 경우, "바람이 여호와에게로서 나와 바다에서부터 메추라기를 몰아 진 곁 이편저편 곧 진 사방으로 각기 하룻길 되는 지면 위 두 규빗 쯤에 내리게 한지라"민 11:31고 되어 있어, 첫 유형의 기적과 차이가 난다. 둘째 유형의 기적에서는 메추라기가 아닌 그 무엇으로부터 메추라기를 창출하든지(질적 변화), 메추라기 한 마리로부터 수많은 메추라기를 만들어 낸 것(양적 변화)이 아니다. 이미 존재하고 있던 수효의 메추라기들에 대해 외부적인 힘을 가함으로써 한 장소에 모이도록 한 것이다

베드로가 경험한 만선의 기적 역시 이와 비슷한 현상으로 이해할 수 있다. 예수께서는 물고기가 아닌 그 무엇으로부터 물고기를 만들어 낸 것이 아니고(질적 변화), 또 물고기 한 마리로부터 수많은 물고기를 번식시킨 것도 아니며(양적 변화), 이미 여러 장소에 존재해 있던 물고기들에게 외부적인 영향을 가함으로써 함께 깊은 데로 모이게 하신 것이다.

자연 질서의 활용

셋째 유형은 자연적 과정을 통한 섭리 방식으로서 일상적으로 경험하는 자연 질서를 말한다. 대표적인 예로, 시편 기자의 자연시(nature psalm) 가운데 일부를 인용할 수 있다.

> 이것들이 다 **주께서 때를 따라 식물 주시기를** 바라나이다. **주께서 주신즉** 저희가 취하며 **주께서 손을 펴신즉** 저희가 좋은 것으로 만족하다가 **주께서 낯을 숨기신즉** 저희가 떨고 **주께서 저희 호흡을 취하신즉** 저희가 죽어 본 흙으로 돌아가나이다_시 104:27-29.

위 성구에 의하면 피조계의 생성, 번식, 성장, 노쇠, 사멸 등이 모두 하나님의 섭리인 것으로 나타나 있다. 이처럼 하나님께서는 자연 질서를 통하여 피조물을 다스리신다.

앞서 설명한 세 가지 유형의 섭리 방식을 모델로 하여, 인간의 의지에 자기 절제를 이루어 내시는 성령님의 역사 모습을 살펴보고자 한다.

안으로부터 자기 절제를 경험하라

첫 번째 유형의 성령 역사는, 성령께서 우리의 의지 내부에 직접 힘을 공급하셔서 인간의 논리와 경험을 뛰어넘는 방식으로 일하시는 것이다. 다시 말해서, 어떤 그리스도인의 신념이나 욕구와 상관 없이 성령께서 직접 그의 의지를 사로잡으셔서 일하시는 방식을 뜻한다. 이것은 기적과 같은 일로, 신앙 생활에서 매우 드물게 나타나는 현상이다.

이러한 현상은 경험자만이 아는 법이므로, 나 자신의 경험을 소개하고자 한다. 약 25년 정도 전에 한 그리스도인과 엄청난 갈등을 빚고 있었다. 더 정확히 말하자면, 그의 공적 발언과 행동 때문에 내 편에서 큰 상처를 겪고 있었다. 그것이 한두 번에 그친 것이 아니고 약 3년에 걸쳐 몇 번씩 반복되었기 때문에 마음의 괴로움과 원망은 표현하기 힘들 정도로 커져 있었다. 그러면서도 그런 마음 상태를 아무에게도 털어놓지 못한 채 끙끙거렸다.

　원망과 괘씸한 마음은 얼마 후부터 미움으로 바뀌기 시작했다. 그를 생각하거나, 그를 위해서 기도를 하고자 하면, 마음이 부글부글 끓어오르며 그에게 비난과 심판의 돌을 던지곤 했다. 한번은 그가 연관된 사역을 위해 기도하고 있었는데, 당시 늘 그랬듯이 그를 위해 복 빌고자 하는 처음 마음은 간 데 없고, 도리어 그를 꽁꽁 묶어 놓은 채 상상의 취조실에서 심문을 하는 것이었다. 그러면서 마음이 좀 정화되는 느낌이 들었다. 그러나 동시에 내가 그를 용서하지 못하고 있다는 데 대한 죄의식과 나의 불쌍한 모습에 대한 자기 연민의 감정으로 뒤범벅이 되어 갈피를 잡지 못하고 있었다.

　그러다가 그에 대한 비난거리들을 하나하나 떠올리며 종이에 적기 시작했다. 동시에 그가 왜 내게 그러한 행동을 했을까 내 나름대로 정리를 해 보았다. 물론 엄청나게 고통스러운 일이었다. 그러나 얼마 안 되어 마음속에 이상한 변화가 찾아오는 것을 느꼈다.

　감정이 북받쳐 오르거나 초자연적 현상, 신비한 깨달음이 있진 않았다. 하지만 내가 그를 수시로 미워하고 비난의 표적으로 삼는 마음의 습관은 통제가 가능해졌다. 흡사 내가 괴물의 입에 재갈을 물리고 고삐를 조정함으로써 능히 그 괴물을 다스릴 수 있게 된 것과 비슷한 상황이었다고나 할까? 그 순간 마음으로부터 그를 용서할 수 있었고, 내가 그때까지 멋대로 벌여 온 각종 비판 행위에 대해 제동을 걸며 "아니오!"라고 단호히 거부를 표할 수 있었다.

그 순간부터 내가 그로부터 겪었다고 생각하는 여러 가지 상처들이 나를 엄습하지 못하도록 내 의지를 다잡을 수 있었다. 그리고 분노와 원망의 마음을 어거(馭車)하고 오히려 그리스도의 마음 빌 1:8; 2:5 참조이 나를 지배하도록 자신을 쳐 복종시킬 수 있었다.

이후 신비스럽게도 그를 더 이상 미워하지 않게 되었다. 아마도 내 자신이 미움과 원망의 포로가 되어 마땅히 발휘해야 할 자기 절제의 노력이 거의 불가능한 상태까지 이르렀기 때문에, 이를 불쌍히 여기신 하나님께서 초자연적으로 개입하신 것이라고 생각한다. 어쨌든 이것이 기적이 아니고 무엇이겠는가?

물론 성령께서 우리의 의지 내면에 직접적으로 역사하시는 이런 식의 자기 절제는 매우 드물고 희귀한 일이다. 이것은 성령께서 우리 의지에 역사하셔서 그 내면에 변화를 초래하시는 거의 기적과 같은 활동이다. 나는 그 뒤로 다시금 이런 식의 용서와 자기 절제의 경험을 해 본 적이 없다. 그러나 적어도 그때만큼은 하나님께서 이렇게 이례적인 방식으로 자기 절제의 현상을 이루어 내신 것이다.

외적 환경을 극복하게 도우신다

성령께서 우리의 의지에 역사하셔서 자기 절제를 실현시키시는 또 한 유형의 활동은, 그분이 우리의 의지 밖에서 힘을 공급하시는 식으로 나타난다. 첫째 유형과의 공통 사항은 이것 역시 드물고 예사롭지 않은 개입 방식이라는 사실이지만, 전자가 내적인 역사인 반면 후자는 외부적인 것이라서 성령께서 역사하실 때 그것을 자각하게 된다는 점에서 차이가 있다. 이 역시 특수한 경험이므로 한두 가지 사례를 소개하고자 한다.

엄청난 용기를 주시다

컬럼비아에 한 목회자가 있었다. 어느 주일에 강단에서 설교를 하는데, 갑자기 권총을 든 사나이가 교회에 나타나 설교를 중단하라고 소리를 질렀다. 그 바람에 예배에 참여했던 교우들은 회중석 밑이나 안전한 곳을 찾아 숨느라 아수라장이 되었다. 목회자 역시 속으로는 굉장히 떨렸다.

하지만 어디에서 용기가 났는지 아랑곳 않고 설교를 계속해 나갔다. 화가 난 사나이는 그 목회자를 향하여 방아쇠를 당겼고 네 발의 총알을 날렸다. 그런데 두 발은 머리 위로 지나갔고, 두 발은 왼쪽 오른쪽 팔 밑을 통과해 네 발 모두가 벽에 박혔다. 그러자 오히려 총을 쏜 사나이가 놀라 혼비백산하여 총을 떨구고 그냥 도망쳤다고 한다.

이 목회자는 자신이 평소 그렇게 담력이 크거나 강인한 성격이 못 된다고 말한다. 오히려 자신은 겁도 많고 소심한 타입의 사람이라는 것이다. 그래서 그를 잘 아는 사람들이나 심지어 그 자신의 관점에서 볼 때, 그날의 권총 사건에서 이 목회자는 분명 다른 교우들처럼 안전을 위해 자리를 뜨든지 아니면 최소한 강대상 밑으로라도 숨었어야 한다. 그러나 놀랍게도 그는 그 자리에 버티고 서서 계속 하나님의 말씀을 전했다.

후에 이 목회자는 그때 자신의 상태를 다음과 같이 표명했다. "글쎄 …… 저는 그렇게 담대한 사람이 아닙니다. 그런데 그 괴한이 나를 노리는 순간 하나님의 큰 능력이 나를 사로잡는 것 같았어요. 왜냐하면 그 엄청난 긴장 가운데에서도 여유를 가질 수 있었고, 무엇보다도 제 의지에 상상 못할 힘이 실리는 것을 느꼈기 때문이에요. 하나님께서 제 의지에 역사하시니까 두려운 마음, 피하고자 하는 마음, 죽음에 대한 공포심 같은 것들을 다스릴 수 있는 힘이 생기더라고요. 어쨌든 그런 경험은 처음이었어요."

의지를 다스릴 수 있는 힘을 주시다

미국에서 기독교 가정 사역에 투신하고 있는 평신도 지도자가 있었다. 그는 30대에 예수를 믿고 결혼 생활까지 하고 있었지만, 이전부터 고민해 온 포르노를 탐닉하는 습관 때문에 고통이 이만저만이 아니었다. 몇 번씩 죄를 자백하고 그 죄 된 습관을 끊기로 결심했지만 그다지 성공적이지 못했다.

그날도 그는 우울한 기분으로 도피주의적 심령에 휩싸여 포르노 잡지를 뒤적거리고 있었는데, 갑자기 하나님의 음성이 들리는 것 같았다. "네가 그리스도인으로서 이것이 합당한 일이냐?"

그는 영적 패배 의식과 죄의식을 한꺼번에 느끼면서 고개조차 들지 못한 채, 차마 기도라고도 할 수 없는 낮은 신음 소리만 연발했다. "주여, 저는 연약합니다."

바로 그 순간 그는 전에 경험하지 못한 희한한 마음의 격정을 감지했다. 마치 성령의 능력이 하나님의 팔처럼 나타나 그의 연약한 심정을 감싸는 것 같았다고 한다. 그러면서 포르노의 저속한 쾌락에 항거할 수 있는 자제력, 자신의 욕정을 유보시킬 수 있는 힘, 사진에 나타난 이미지를 쾌락의 도구로 삼지 않으려는 거룩한 의지력이 솟아나는 것을 느꼈다고 한다.

그때부터 이 사람은 완전히 달라졌다. 물론 그 후에도 두세 번 유혹에 빠지긴 했지만, 전체적으로 보아 그의 성적 습관은 상당히 건전해졌다. 그리고 그때의 경험이 자신의 신앙 생활에서 그야말로 획기적인 전기가 되었음을 종종 이야기한다. 그런 사태와 경험이 자기 혼자만의 문제가 아님을 알았기 때문에 그는 컨설턴트로서의 오랜 경력을 그만두고 기독교 가정 사역에 뛰어들었다고 한다.

물론 이들의 경험을 일반화시키자는 것이 아니다. 하나님 편에서 이런 식으로 개입하시는 일, 즉 이런 초자연적 개입을 통한 자기 절제를 경험하는 일은 매우 드물다고 생각한다. 그러나 이런 방식의 성령 역사를 완전히 배제하는 것도 옳지 않다. 그래서 평소 흔치 않은 특수한 성격의 경험조차 자기 절제를 실현해 내는 또 한 가지 유형으로 소개한 것이다.

스스로 노력하여 열매를 맺다

이것은 우리가 제일 많이 경험하고 사람들에게서 가장 흔하게 발견하는 자기 절제의 모습이다. 이 유형의 자기 절제는 끊임없이 노력해야만 가능하다. 물론 이러한 노력 및 노력의 실효성조차 성령님의 도우심 없이는 이루어지지 않는 것은 다 알 것이다. 또 이 유형이 "자연적 과정에 의한다" 함은 이번 장 초두에서 도표로 설명했듯, 신념이 건실해지고 욕구가 강화될 때에야 비로소 그것이 의지 발동에 영향을 주어 어떤 의도한 행동을 내보인다는 말이다.

신념이 건실해지도록 힘쓰라

자기 절제의 열매를 맺기 위해서는, 특히 두 가지 방면에서 노력해야 한다. 첫째는 신념이 건실해지도록 힘써야 한다. 여기에서 말하는 신념이란 '확고한 소신'의 뜻이라기보다는 우리가 마음속에 견지하거나 공적으로 표명하는 어떤 주장들의 내용을 가리킨다. 예를 들면, 다음과 같은 것들이 기독교적 신념의 구체적 항목이다.

(1) 예수께서 지금은 우리를 위해 중보하고 계시다롬 8:34.

(2) 주님이 만물을 붙들고 계시기 때문에 이 우주가 운행되고 있다골 1:17; 히 1:3.

(3) 내가 지금껏 살아 있는 것은 하나님의 뜻 때문이요 하나님의 은혜 덕분이다약 4:13-15; 고전 15:10.

(4) 우리는 같은 형제 자매들로서 그리스도의 한 몸을 이루고 있다고전 12:20-22.

(5) 그리스도께서는 들의 백합화와 공중의 새들보다 나를 훨씬 더 귀히 여기신다마 6:25.

(6) 새 하늘과 새 땅은 말할 수 없이 영광스러운 곳이다계 21:1-5.

(7) 그리스도를 믿지 않는 이들도 하나님의 형상을 지닌 귀한 존재들이다약 3:9.

(8) 하나님께서 지금 이 순간에도 만유를 다스리고 계시다시 103:19.

(9) 나의 구원과 영생은 그 누구도 빼앗아 갈 수 없다요 10:28.

(10) 성령께서는 내 몸을 자신의 거처로 삼아 내주하신다고전 6:19.

이와 같은 신념의 항목들을 일일이 제시하자면 끝이 없을 것이다. 그런데 이런 신념들은 일차적으로 성경 말씀으로부터 산출되고, 이차적으로는 신학적 추론을 통해 얻어진다. 따라서 부지런히 하나님의 말씀을 읽고 공부해야 하고, 또 중요한 기독 서적이나 신학 도서들을 섭렵해야 한다.

마음 가득 의욕을 채우라

둘째는 의욕을 강화시켜야 한다. 앞서 말한 신념들에 대해 우리의 마음이 끌리고, 그 내용을 알고 싶어 하며, 듣거나 배울 때 즐겁게 임하는 것을 의미한다. 신념이 있되 욕구와 만나지 않으면, 신념은 한갓 머리 지식으로 남게 되고 얼마 후에는 그것조차 망각의 그늘로 사라지고 만다. 반대로 신념에 욕구가 뒤따르면 우리는 그 신념을 귀히 여길 뿐만 아니라, 마음에 간직함으로써 의지에 따라 행동하는 데 큰 도움이 된다.

이런 작업은 정규 학습이나 공식적 교육만으로는 불가능하다. 따라서 각종 경건 훈련을 통해 심령 길들이기를 시도해야 한다. 예를 들어, 주님의 원하는 것이 나의 원하는 것으로 되도록 한다든지, 본성상 싫고 마음에 끌리지 않는 신념 내용에 대해서도 그것들을 "쳐 복종시킨다든지", 끌리지 않는 경우 지속적으로 묵상, 기도, 찬양 등을 통해 친화성이 생기도록 한다든지 함으로써 어떻게 해서든 우리 안에서 의욕이 생기도록 힘써야 한다.

많은 그리스도인들은 상당한 양의 성경 지식과 감동 및 열정으로 연마된 신앙적 감수성을 가지고 있으면서도, 일관성 있는 삶의 모습이나 성숙한 자기 절제의 모습은 좀체 보여 주지 못한다. 이것은 온전한 그리스도인의 자태도 아니고 또 진정으로 성숙한 이의 징표도 아니다. 그러므로 자기 절제를 위해 뼈를 깎는 노력을 기울여야 한다.

혹시 어떤 이는 자기 절제에 관한 필자의 가르침에 모순이 있다고 생각할지도 모르겠다. 왜냐하면 자기 절제의 경험이나 실현과 관련하여 소개한 세 가지 유형 가운데 두 가지 유형이 우리의 이해와 노력을 뛰어넘는 것이라고 앞에서 소개했기 때문이다. 그러나 여기에는 어떤 모순도 엇갈리는 점도 없다.

비록 첫째, 둘째 유형이 가능하고 또 실제로 일어나지만, 이것은 늘 셋째 유형, 곧 자기 절제를 위해 우리가 노력해야만 현실화된다는 점이다. 만약 셋째 유형의 노력 없이 첫째와 둘째 유형에만 집착한다면, 그것은 기독교 요행주의나 비성경적 수동성을 조장하게 될 뿐이다. 따라서 오히려 평소에 셋째 유형을 목표로 성실히 노력하다 보면, 드물게나마 성령님의 은혜 가운데 첫째·둘째 유형의 초자연적 역사도 경험할 수 있을 것이다.

제7장 | Self -actualization

자기 실현

들으라! 너희 중에 말하기를, "오늘이나 내일이나 우리가 아무 도시에 가서 거기서 일년을 유하며 장사하여 이를 보리라" 하는 자들아! 내일 일을 너희가 알지 못하는도다. 너희 생명이 무엇이뇨? 너희는 잠깐 보이다가 없어지는 안개니라. 너희가 도리어 말하기를, "주의 뜻이면 우리가 살기도 하고 이것 저것을 하리라" 할 것이거늘 이제 너희가 허탄한 자랑을 자랑하니 이러한 자랑은 다 악한 것이라_약 4:13-16.

잠재력을 깨우라

'자기 실현'이란 자기 안의 잠재력, 가능성, 역량 등을 삶에서 실제로 이루어 내는 일이다. 어떤 그리스도인들은 '자기 실현'을 꺼리는 경우도 있다. 이 용어가 의미하는 바가 싫기도 하지만 아예 '자기 실현'이란 용어 자체에 대해서 불편함을 느끼는 것이다. 그도 그럴 것이 '자기 실현'이란 표현은 원래 인본주의 심리학의 대가인 에이브러햄 매슬로우(Abraham Maslow, 1908-1970)의 단골 용어였기 때문이다.

매슬로우는 인간의 내면에 어떤 행동을 유발하는 욕구의 피라미드가 만인 공통으로 존재한다고 생각했다. 이 피라미드는 원래 8단계로 구성되어 있지만, 나는 이것을 적당히 뭉뚱그려 네 가지로 소개하고자 한다.

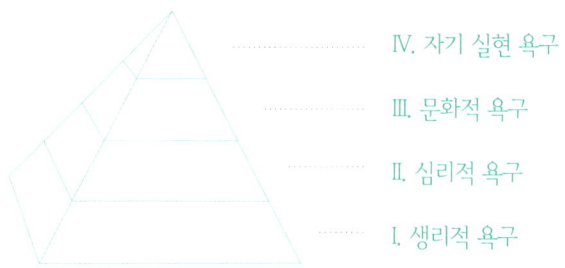

첫 단계인 '생리적 욕구'는 표현이 예시하듯 배고픔과 목마름을 채우고자 하는 욕구, 자기 보존의 욕구, 즐거움은 추구하고 고통은 피하는 욕구로서 생리적인 성격의 욕구이다.

둘째 단계인 '심리적 욕구'는 소속되고자 하는 욕구, 타인에게 받아들여지고자 하는 욕구, 누군가의 주목을 끌고자 하는 욕구, 자존감 형성 욕구 등을 말한다.

셋째 단계인 '문화적 욕구'는 알고자 하는 욕구, 탐구하고자 하는 욕구, 아름다움과 질서, 대칭을 추구하려는 욕구이다.

마지막으로 맨 꼭대기 넷째 단계인 '자기 실현 욕구'는 말 그대로 자신을 실현하고자 하는 욕구로서, 개인의 꿈과 포부의 성취, 자신의 능력 발휘, 적성의 계발과 은사의 활용 등이 포함된다.

그런데 이런 욕구들은 밑으로 내려갈수록 강하고 우세하게 작용을 하고, 위로 올라갈수록 그 장악하는 힘이 약하다. 바로 '우세의 원리(principle of prepotence)'이다. 인간은 대체로 아래 단계에 해당하는 욕구가 충족되지 않으면 윗단계로 올라가지 않는다. 그래서 인간의 현재 처지를 살펴보면 윗단계의 욕구를 다 충족시키고 사는 사람은 매우 적다는 것이다.

매슬로우의 이론과 주장에 대해서는 찬반 주장이 엇갈렸다. 종래의 심리학에 넌더리가 난 이들은 매슬로우의 이론을 두 손 들고 환영했다. 그전에는 보통 행동주의 심리학과 정신 분석학이나 심층 심리학이 주도권을 다투었는데, 두 입장 모두 문제점투성이였다. 그리하여 사람들은 이 두 가지에 대한 대안으로 인본주의 심리학을 선호하게 되었다. 인간을 결정론의 산물로만 취급하든지(행동주의 심리학), 아니면 비정상적인 병적 존재로만 조망하는 입장(정신 분석학/심층 심리학)과 달리, 인간에게 목표, 자유, 창의성 등이 있음을 인정하는 인본주의 심리학이 좀 더 친화적으로 느껴졌던 것이다.

그러나 인본주의 심리학이 기독교 신앙과 갈등을 일으킨다는 점 또한 간과할 수는 없다. 우선, 전자는 하나님의 주권이나 법도를 인정하지 않고 자율성만을 고집하는데, 이는 성경적 가르침에 어긋난다. 더욱이 이들은 인간의 죄성을 액면 그대로 받아들이지 않기 때문에 인간의 본성과 특질들을 지나치게 낙관적으로만 조망한다. 결국 이런 형태의 자아관이 기독교 신앙과 접목할 경우, 그 산출 결과는 십중팔구 적극적 사고 방식이나 자아 숭배의 모습을 띠게 될 것이다.

그렇다면 '자기 실현'이라는 용어와 개념을 몽땅 밖으로 내던져야 할까? 그건 아니라고 본다.

야고보서에 나타난 자기 실현 욕구

야고보서 4장 뒷부분에는 어떤 타입에 속하는 인물들이 거론되는데, 야고보는 그들의 발언 및 태도와 관련하여 경고 및 교훈을 던진다. 이들은 치밀한 계획과 목표를 가지고 그것을 실현하고자 하는 환상가들이다.

미래의 계획과 관련된 이들의 발언13절을 잘 들어 보면 그 가운데 다섯 가지 사항이 두드러진다. 시기에 관한 언급이 있다. "오늘이나 내일이나." 장소는 "아무 도시"라는 표현 가운데 나타난다. 소요 기간은 "1년을 유하며"에 나와 있다. 활동 내역은 "장사"이다. 끝으로 목표하는 바는 "이를 보는 것"이다.

이 짧은 표현 속에 기획이라는 활동을 구성하는 다섯 가지 요소가 골고루 들어 있다. 이 인물은 오늘날로 이야기하자면 벤처 기업가 같기도 하고, 명퇴 이후 창업을 꿈꾸는 중소 기업 규모의 사업가 같기도 하다. 어쨌든 꽤 치밀한 계획을 가지고 미래를 설계하는 모습임에는 틀림없다. 보통 우리가 계획을 꾸민다고 할 때, 그 계획이 계획으로서 그럴싸한 모양새를 갖추려면 이렇게 다섯 가지 요소가 준비되어야 하기 때문이다.

사람들이 표명하는 말에 유심히 귀를 기울여 보라! 어떤 발언이든 위에서 언급한 다섯 가지 요소와 연관이 있을 것이다.

"독일 마르부르크에 가서 6년 만에 학위를 취득하리라."

"정계 입문 20년만에 대권에 도전하리라."

"내가 이러이러한 영농 계획을 실현해서 중부 이남 최대의 과수원 단지를 일으키리라."

"신도시로 가서 3년 만에 1,000명 교인의 교회로 도약하리라."

"물리학 분야에서 최연소 수상자가 되어 보리라."

따라서 야고보서에 등장한 이 인물들의 자기 실현 욕구에는 분명 기릴 만한 점이 있다.

첫째, 이들에게는 꿈과 포부가 있다. 아무런 목표도 비전도 희망도 없이 게으름과 태만으로 일관하는 이들에 비하면 얼마나 고무적인가?

둘째, 이들은 아이디어와 묘책의 명수들이다. 창의력과는 담을 쌓은 채 앵무새처럼 남만 흉내 내는 이들이 부지기수인 것을 생각하면, 끝없이 응원을 보낼 일이다.

셋째, 이들은 특정 활동의 수행에 필요한 은사를 가지고 있다. 무능력과 평범함에 지친 오늘날 이처럼 소질과 '끼'가 넘치는 이들을 보면 반갑기 짝이 없다.

넷째, 이들은 모험 정신과 개척자적 기상이 넘쳐난다. 인습과 전통에만 얽매여 혁신을 두려워하는 겁쟁이들과는 근본이 다르다.

다섯째, 이들은 꼼꼼한 전략가들이다. 이들의 계획에 시기, 장소, 소요 기간, 활동, 목표의 다섯 가지 요소가 전부 들어 있다는 것이 이 점을 보여 준다. 워낙 엄벙덤벙, 요령, 대충, 요행수, 즉흥성이 미덕이 되어 버린 분위기에서는 이들의 원칙주의적 고집이 한층 돋보인다.

그러나 이들에게는 문제가 있다. 방금 열거한 다섯 가지 장점에도 불구하고 이들의 자아 실현 욕구에는 신앙적 전제가 빠져 있다. 야고보는 바로 이러한 치명적 약점을 지적한다. 만일 자기 실현 욕구의 추구자가 이 점을 유념하지 않는다면 그의 자기 실현 욕구는 반기독교적이고 반신앙적 아류로 전락해 버리고 말 것이다.

그러면 야고보는 어떤 사안을 두고 영적 기초의 결여를 느끼는 것일까? 이 점에 효과적으로 답을 하기 위해서는 자기 실현이 이루어지는 실제 상황을 주의 깊게 관찰할 필요가 있다. 야고보는 자기 실현이 가능하려면 두 가지 전제 조건이 충족되어야 한다고 이야기

한다. 생명의 존속14절과 활동 능력의 구현15절이다.

자기 실현은 생명의 존속이 전제돼야 한다

첫째, 생명의 존속 없이는 자기 실현이 불가능하다. 너무도 자명한 사실이다 보니 모두가 쉽사리 놓치곤 한다. 만일 우리에게 생명이 지속되지 않는다면 실현될 자아가 존재하지 않는다는 뜻인데, 어떻게 자기 실현이라는 활동이 가능하겠는가?

문제는 이 점을 이론적으로는 받아들이지만, 심정적으로는 동조하지 않는다는 데 있다. 야고보는 이 사실을 지적하기 위해 "내일 일을 너희가 알지 못하는도다"라고 서두를 꺼낸다. 우리는 여기에서 "너는 내일 일을 자랑하지 말라. 하루 동안에 무슨 일이 날는지 알 수 없음이니라" 잠 27:1하는 잠언의 한 구절이 떠오른다.

그러면 왜 "내일 일을 너희가 알지 못하는도다"라고 말하는 것일까? 사실 우리는 하나님처럼 예지(豫知)를 가진 존재가 아니기에, 위의 표현은 그야말로 참된 진술이다. 그러나 야고보서의 저자는 우리에게 인식론적 측면에 한계가 있음을 지적하려는 것이 아니다. 우리의 존재론적 제약성이 근본적인 문제이기 때문에 바로 그 점에 초점을 맞추려는 것이다. 이것은 곧이어 등장하는 "너희 생명이 무엇이뇨? 잠깐 보이다가 없어지는 안개니라" 14절라는 진술을 보면 알 수 있다.

우리의 생명은 언제라도 사라질 수 있기 때문에 안개와 같이 덧없다고 말했고, 또 그런 의미에서 내일 일을 모른다고 말한 것이다. 팔레스틴 지역은 주로 산지에 안개가 많이 생기는데 밤에는 안개가 땅의 표면으로 솟아 올라와 있다가 해다 돋으면 곧 사라진다고 한다. 일단 해가 돋으면 언제 그랬냐는 듯이 안개는 자취를 감춘다는 것이다. 바로 우리의 인생이 그처럼 덧없다는 것을 말해 주는 비유적 표현이다.

그런데 이렇게 덧없는 우리의 인생을 누가 지속시켜 주는가? "주의 뜻이면 우리가 살기도 하고"15절라고 함으로써 현재 생명을 누리며 살 수 있는 근본 이유는 하나님께서 그렇게 뜻하셨기 때문이라고 밝힌다. 꿈과 아이디어와 은사가 아무리 많아도, 진취적 기상과 전략가적 꼼꼼함이 번뜩인다고 하여도, 만일 하나님께서 생명을 허락하시지 않는다면, 거기에 무슨 자기 실현이 있겠는가? 야고보서에 등장하는 인물들은 바로 이 점에서 큰 실수를 저질렀다. 또 바로 이 점 때문에 영적 부적격자로 낙인이 찍혔다.

능력과 여건을 구비하라

둘째, 활동할 능력이 없다면 자기 실현이 불가능하다. 만일 생명이 있다 해도 적극적으로 활동할 수 있는 능력과 여건이 마련되지 않는다면, 자기 실현은 이루어질 수 없다. 자기 실현이 자신의 잠재력이나 역량을 삶속에 펼쳐 내는 일이라면, 여기에는 분명 어떤 활동을 할 수 있는 능력의 발휘가 보장되어야 한다. 그런데 그런 능력 및 그런 능력을 구체화할 수 있는 여건이 결여되어 있다면 아무런 활동도 할 수 없다는 뜻이고, 이것은 곧이어 자기 실현 불가능으로 나타날 것이다.

활동 능력이 구현된다는 것은 그만큼 중요하다. 활동 능력에는 최소 세 가지 요소가 들어 있다.

(1) 은사의 활성화 : 어떤 일을 수행하거나 처리할 수 있는 은사(혹은 달란트)가 갖춰져 있어야 하고, 또 필요시 자유자재로 활용할 수 있어야 한다.

(2) 건강 유지 : 정상적인 생활을 영위할 수 있도록 건강해야 한다. 생명이 있어도 건강을 해치는 시력의 약화나 손가락 부상, 뇌 손상, 신경 쇠약 등과 같은 장단기적 장애 상태가 발생하면 은사를 효과적으로 활용하기는 어렵다.

(3) 환경의 순적성 : 은사가 발휘될 수 있는 환경적 여건이 순조로워야 한다. 대부분의 경우, 여러 가지 외적 조건 -- 비슷한 업종이 있다가 없어짐, 자금 문제 해결, 지도 교수의 기꺼운 배려, 추진 중인 프로젝트가 정부 시책과 부합이 됨 등 -- 이 잘 맞아 들어가지 않으면, 자신의 은사는 뜻하지 않게 사장될 수도 있다.

만일 (1)이 없으면 아예 '능력'을 거론조차 할 수가 없을 것이고, (2)와 (3)의 조건이 충족되지 않으면, 아무리 능력이 있더라도 구체적으로 발휘하지 못할 것이다. 따라서 이 세 가지 요건이 전제될 때에야 비로소 활동 능력이 구현되는 것이라고 말할 수 있다.

그런데 이러한 활동 능력의 구현을 누가 이루어 주는가? 누구 혹은 무엇 때문에 활동 능력이 구현되는 것이라고 말할 수 있을까? 두말 할 나위 없이 하나님 덕분이다. 그래서 "주의 뜻이면 우리가 살기도 하고 이것 저것을 하리라" 15절라는 표현이 나오는 것이다.

"주의 뜻"은 우리가 사는 것하고만 연관이 있는 것이 아니고, "이것 저것을 하리라"와도 연관이 있다. 즉 오직 주님의 뜻이 있을 때에만 이것이든 저것이든 가능하다. 이 경우 주님의 뜻은 '하나님의 허락'이라는 의미로도 볼 수도 있고, 아니면 '하나님의 섭리'라는 더욱 기본적인 의미를 가진 것으로도 볼 수 있다. 그러나 어쨌든 하나님의 뜻으로 말미암아 활동할 수 있는 능력이 생기는 것이다.

두 종류의 자기 실현

어떤 성공 앞에서도 겸손하라

우리 앞에는 두 가지 유형의 자기 실현이 놓여 있다. 이 두 종류의 자기 실현을 편리상 기독교적 자기 실현과 세속적 자기 실현이라 부르겠다. 이러한 기독교적 자기 실현과 세속적 자기 실현을 전제와 태도, 표현의 면에서 대조해 보면 다음과 같다.

두 가지 자기 실현 항목	기독교적 자기 실현	세속적 자기 실현
(i) 전 제	① 하나님의 주권적 의지 ② 하나님의 주권에 대한 전적 신뢰와 의존	① 자율 ② 자기 충족성
(ii) 태도(표현)	① 하나님께 감사 ② 하나님의 역사 및 은혜 인정 ③ 사람들 앞에서 겸손	① 허탄한 자랑 16절 ② 자기 중심적 표현

기독교적 자기 실현에 있어서는 단연코 하나님의 주권적 의지를 인정하는 일, 그리고 그에 대한 우리 편에서의 전적인 신뢰와 의존이 전제 사항으로 등장한다. 나의 생명, 건강, 은사, 여건 이 모든 것이 하나님의 주권적 의지에 달려 있음을 수시로 인정해야 한다.

물론 그렇다고 해서 어떤 노력이나 수고도 하지 않겠다는 회피하는 식의 운명론적이고 나태한 마음 자세를 지향한다는 것은 아니다. 할 수 있는 한 최선의 노력도 하고 힘도 쓰지만, 그 모든 것이 하나님의 기쁘신 뜻이 아니면 존재할 수 없음을 인정하는 자세이다. 또 그러한 하나님의 뜻을 전폭적으로 신뢰하면서 늘 하나님만을 의지해야 한다는 것이다.

이것이 바로 "주의 뜻이면 우리가 살기도 하고 이것 저것을 하리라"는 고백적 모습이 아니고 무엇이겠는가? 사실 사람들이 말버릇처럼 "하나님의 뜻이라면"("God willing") 또는 이와 유사한 말행 20:21; 고전 4:19; 16:7; 히 6:3들을 하는 것은 바로 이러한 고백적 자세 때문이다.

이러한 고백적 모습이 전제되기 때문에 기독교적 자기 실현을 추구하는 자는 일의 성취, 활동의 진척, 성과의 경험 전후에 나타내 보이는 태도에 있어서 사용하는 표현에 있어서나 감사, 인정, 겸손을 잃지 않는다. 그는 늘 하나님께 감사한다. 자신의 활동이나 성취가 하나님의 도우심과 은혜 때문임을 진실로 인정한다. 그는 때로 엄청난 업적과 공훈을 성취한 연후에도 여전히 사람들 앞에서 겸손하다.

내가 얼마든지 할 수 있다는 교만

세속적 자기 실현의 모습은 어떠한가? 자기 실현의 추구자 역시 전제와 태도, 표현 면에서 관찰해 볼 수 있다. 그는 하나님의 주권적 의지와 그에 대한 신뢰보다는 자율과 자기 충족성을 전제하고 자기 실현을 추구한다. '자율'은 오토(auto [자아(self)])와 노모스

(nomos [법(law)])의 합성어로, 자기가 자기에게 법이 된다는 뜻이다.

다시 말해서 하나님의 주권적 의지가 아니라 자기가 자기 자신에 대해 법으로 군림한다. 이것은 곧장 자기 충족성으로 연결된다. 그는 모든 것이 너무 잘 갖추어져 있어서 "나는 나 스스로 충분하다"라고 생각한다. 그는 만사를 스스로 통제하고 예측하며 자신의 능력으로 다스릴 수 있다고 여기기 때문에 더 이상 아무것도 필요로 하지 않는다. 이렇게 세속적 자기 실현의 추구자는 자율과 자기 충족성을 전제로 하여 출발한다.

그러면 태도, 표현 면에서는 어떨까? 세속적 자기 실현의 추구자를 두드러지게 만드는 가장 현저한 특징은 '허탄한 자랑'16절에 있다. 이것은 근본적으로 마음의 태도이겠지만, 동시에 말이라는 표현을 통해서 표출되곤 한다. 그는 입만 열면 주위를 자기 자랑으로 도배하기 시작한다. 그의 말을 듣고 있으면 혹시 그가 온 세상을 다스리는 지배자가 아닐까 궁금하게 느낄 정도에 이른다.

그의 허탄한 자랑은 자기 구심적이고 자만적이다. '자기 구심적'이라는 것은 자신이 각광 받고 자기만이 중심이 되는 식으로 모든 것을 자기에게 초점을 맞추는 태도를 의미한다. '자만적'이라는 것은 능력이나 용모, 두뇌와 은사 등 자신의 자랑스러운 점들이 자신의 공로 때문이라고 내세우는 태도를 의미한다. 그의 자랑이 이토록 자기 구심적이고 자만적이니 어찌 이를 가리켜 '허탄한' 자랑이라고 말하지 않을 수 있겠는가?

그런데 문제는 이러한 세속적 자기 실현의 태도가 이 세상 사람들뿐만 아니라, 그리스도인이라고 자처하는 우리에게서도 발견된다는 사실이다. 믿지 않는 이들에게서 세속적 자기 실현의 태도가 나타나는 것은 너무나 당연한 일일지도 모른다. 그러나 그리스도인에게서 그런 특징이 난무한다면 이는 신앙적 위기요 재앙이다. 따라서 우리는 우리의 자기 실현이 그리스도인다운가 아니면 세속적인가 끊임없이 자신의 심령을 살피고 점검해야 한다.

하나님께 목표를 두고, 경건 훈련을 하라

자기 진단과 점검을 위해 다음 세 가지 사항을 제안한다.

첫째, 자기 실현의 욕구와 관련하여 올바른 목표를 설정해야 한다. 먼저 자기 실현이 하나님께서 주신 것을 하나님을 위해서 계발하고자 하는 것인지 살펴야 한다. 또 이런 자기 실현의 노력을 통해 나보다 누리지 못하는 다른 형제 자매를 섬기고자 하는 마음이 있는지도 점검해야 한다. 동시에, 이런 자기 실현의 노력이 열매 맺을 때 그리스도인의 공동체가 세상 속에서 신뢰를 얻는 일에 조금이라도 기여할 수 있을지 생각해야 한다.

둘째, 하나님의 주권과 연관하여 또 나 자신의 모습과 연관하여 끊임없이 하나님께 아뢰고 회개하며 간구하는 경건 훈련에 힘써야 한다.

<u>시간</u> : 위기를 겪을 때뿐 아니라 매일 정기적으로, 또 생각이 날 때마다, 그리고 심지어는 쉬지 말고 아뢰어야 한다.

<u>내용</u> : 이때 우리는 "주여! 당신이 주인이십니다! 온 우주의, 그러면서도 나의 주인이십니다!" "나의 생명, 건강, 은사, 여건 등 모든 것이 당신의 붙드심골 1:17; 히 1:3이 아니면 가능하지 않습니다!" "주여, 당신이 아니시면 …… 그리고 당신을 떠나서는 저는 아무것도 할 수 없나이다"요 15:5라고 진솔히 고백해야 한다.

셋째, 우리의 연약한 심성, 유혹에 쉽게 넘어가는 모습을 끊임없이 경계해야 한다. 이토록 조심해야 하는 이유는, 기독교적 자기 실현과 세속적 자기 실현은 거의 종이 한 장의 차이조차 되지 않기 때문이다. 우리의 본성은 아직도 부패성에 연루되어 있고 사람마다 취약한 부분이 있기 때문에, 처음부터 의도적으로 세속적 자기 실현을 추구하지 않아도 얼마 후 시간이 흐르다 보면 그렇게 변질되고 있는 자기 모습을 발견하곤 한다.

처음에는 순수하게 출발하지만, 이 세상의 경쟁적 분위기, 미래에 대한 두려움, 예상치 않은 위기 상황 발생, 질투심과 그릇된 야망에의 자극 등으로 인해서, 자기도 모르는 사이에 하나님을 기쁘게 해 드리지 못하고 자기 왕국을 꾸미는 비신앙적 면모만 위세를 떨치게 되는 것이다.

따라서 우리는 늘 자신의 내면을 깨끗하게 하는 훈련시 139:23-24; 히 4:12-13을 해야 하고, 수시로 자기 성찰을 해야 한다. 아울러 공동체 내에 가까운 이들 사이에서 솔직히 자신을 엶으로써 꾸중, 격려, 자극, 중보 등의 도움을 받아야 한다. 그리하여 빛의 나라로 옮기운 이들골 1:13답게 아름답고 순수한 모습 가운데 자기 실현의 노력을 계속해야 할 것이다.

"하나님이 지으신 모든 것이 선하다"(딤전 4:4). 그렇다면 문제는 하나님이 만들어서 누리게 하시는 자연 세계와 각종 문화 활동에 있는 것이 아니고, 그러한 대상에 대해 견지하는 우리의 마음 자세에 있다. 우리는 늘 하나님과 그 말씀 앞에 일대일로 서야 한다. 그리하여 우리 내면에 존재하는 은밀한 심리 상태까지 점검, 수술, 치유 받아야 한다. 평소에 늘 하나님 앞에 이렇게 선다면, 부정적 자아상은 결코 우리의 심령 가운데 뿌리를 내리지 못할 것이다.

Part 3.
스스로 치우치다

_바람직하지 않은 자아관

제8장 | Self-abasement

자기 비하

갈렙이 모세 앞에서 백성을 안돈시켜 가로되, "우리가 곧 올라가서 그 땅을 취하자! 능히 이기리라" 하나 그와 함께 올라갔던 사람들은 가로되, "우리는 능히 올라가 올라가서 그 백성을 치지 못하리라. 그들은 우리보다 강하니라" 하고 이스라엘 자손 앞에서 그 탐지한 땅을 악평하여 가로되, "우리가 두루 다니며 탐지한 땅은 그 거민을 삼키는 땅이요 거기서 본 모든 백성은 신장이 장대한 자들이며 거기서 또 네피림 후손 아낙 자손 대장부들을 보았나니 우리는 스스로 보기에도 메뚜기 같으니 그들의 보기에도 그와 같았을 것이니라"
_민 13:30-33.

자기를 존중하라

자기 비하는 말 그대로 "자기 자신을 낮추는 일"이다. 좀 더 포괄적으로 묘사하자면 "타인, 환경, 사태에 대한 인식의 잘못이나 심리적 요인으로 인해 자신의 특정한 면모를 객관적 수준보다 낮게 평가하는 일로, 창의적 사고, 진취적 행동, 모험 정신 등의 발현을 억제하고, 종종 열등 의식이나 비굴한 태도를 동반한다"고 말할 수 있다. 자기 비하에 관한 이상의 묘사에는 네 가지 사항이 포함되어 있다.

자기 비하의 **원인** : 타인, 환경, 사태에 대한 인식의 잘못이나 심리
         적 요인 때문.
자기 비하의 **핵심** : 상태, 조건, 능력 등 자신의 특정한 면모를 원래
         의 객관적 수준보다 낮게 평가하는 일.
자기 비하의 **영향** : 창의적 사고, 진취적 행동, 모험 정신 등의 발현
         을 억제함.
자기 비하의 **부대 현상** : 종종 열등 의식이나 비롯한 태도를 동반함.

자기 비하는 두 가지 서로 다른 차원에서 논의가 가능하다. 첫째, 개인적 차원이다. 이것은 개인이 연관된 영역이나 활동 사항에서 자기 비하의 모습을 연출하는 경우이다.

발명왕 에디슨이 여러 번의 실험에 실패하고서 "나는 이것밖에 되지 않아"라고 비관적 발언을 한 것이 여기에 해당한다. 꽤 알려진 유능한 설교자가 사역 초기에 "나는 앞으로 가능한 한 설교를 하지 않겠어"라고 결심한 것도 비슷한 예이다. 내가 과거에 특이하게 목격한 어떤 자매는 유수한 의대에 입학했으면서도 늘 자신을 과소평가하곤 했는데, 이 역시 자기 비하의 한 가지 예다.

둘째, 자기 비하는 공동체적 차원에서도 모습을 드러낸다. "우리 민족은 안 돼. 뭐 한국 사람들이 제대로 하는 게 있겠어?" 요즈음 한국 교회를 보면 이런 식의 자기 비하가 교묘히 침투해 들어와

있다. 수적으로 더 이상 성장하지 않는 것, 비신자나 타종교인들로부터 비난을 듣는 것, 엄청나게 빠른 속도로 변화하는 세상 앞에서 무력한 것 등으로 인해서 교회 지도자들이나 일반 교우들이나 한국교회에 대해 자기 비하적 발언을 입에 달고 다니는 것 같다.

이러한 공동체적 차원의 자기 비하는 이스라엘의 지도자들에게서도 나타난다. 무엇보다도 "우리는 스스로 보기에도 메뚜기 같다"3절는 자조 섞인 표현에 여실히 드러난다. 사실 이들은 그 종족의 지파 가운데 족장 급 인물들이었다민 13:2. 굳이 따지자면, 20세 이상의 남성민 1:3 인구 603,550명민 1:46 가운데 12명이었으니, 5만 명 가운데 1명꼴로 뛰어난 이들이었다. 이들이 자신들을 가리켜 "메뚜기 같다"고 하였으니, 이 어찌 자기 비하의 전형적 사례가 아니겠는가?

이스라엘 족장들의 자기 비하

족장들의 자기 비하 현상을 정확히 평가하기 위해서는 그들이 처한 상황과 역사적 배경을 제대로 파악해야 한다. 이스라엘 백성은 모세의 영도하에 출애굽을 시도했고, 약 3개월 후 시내산에 당도한다출 19:1. 그들은 이곳에서 여호와 하나님과 더불어 언약을 맺는데, 이는 언약 백성의 마땅한 의무로서 율법을 지키겠다는 결의에 나타난다출 19:4-5; 20:1-24:8. 그 후 모세가 성막과 제사 제도에 관한 하나님의 지시를 받느라 40일 주야를 산상에서 보내는 동안출 24:18-31:18, 아론과 백성들은 금송아지 사건을 터뜨렸다출 32:1-6.

이에 대한 수습이 만만치 않아 모세는 여호와 하나님과 백성 사이에 중보자로서 엄청난 고뇌를 겪는다출 32:7-34:35. 어쨌든 성막 건조와 제사장 위임의 굵직굵직한 과제가 출애굽한 지 일 년 만에 모두 이루어진다출 40:1-33. 그리고 나서 백성을 계수하여 정비함으로써민 1:2-4 본격적으로 가나안으로의 진입을 위한 민족 대이동을 시작한다.

가나안 땅을 정탐하다

이제 이스라엘이 바란 광야민 12:16의 가데스 바네아민 13:16에 진을 치고 있는 동안, 하나님께서는 모세를 통해 가나안 땅을 정탐하라고 지시하신다민 13:2. 이 정탐 여행은 세 가지 사항으로 구성되어 있다.

첫째, 정탐 여행단 구성에 관한 사항이다. 이들의 인원은 12명으로 하되, 각 지파의 두령들이 구성원이 되도록 했다민 13:2-16. 둘째, 탐지 내용에 관한 사항이다. 가나안 땅을 제대로 탐지하기 위해서 18절 상반 다섯 가지 항목이 제시되는데, 그 땅 거민의 강약 및 많고 적음18절 하반, 땅의 좋고 나쁨19절 상반, 진영인지 산성인지 성읍의 형태19절 하반, 토지는 경작하기에 좋은지20절 상반, 수목은 많은지20절 상반 등이 그것이다. 셋째, 정탐 기간에 관한 사항이다. 원래 지시 사항에는 없지만 후에 40일이 언급된 것25절으로 보아, 그 정도의 기간이 허락되었으리라 추측한다.

자, 그러면 그들은 자신들의 임무에 충실했을까? 그들의 보고 내용을 살펴보자. 먼저 땅에 대한 평가는 긍정적이었다. "젖과 꿀이 그 땅에 흐르고" 있었고, 이에 대한 실증 자료로서 그들이 취한 과실을 보여 주었다27절.

둘째, 거민에 대한 평가는 위협적인 것으로 나타나 있다. 거민은 강하고 성읍은 견고하고 거대한가 하면28절, 여러 족속들이 산지와 해변 등 골고루 퍼져 있어29절 허술한 데가 보이지 않는다고 말한다. 사실 이 두 가지 보고 내용은 객관적인 것으로, 정탐꾼 12명 모두가 동의할 수 있었다.

어떻게 반응할지 팽팽히 맞서다

그러나 정탐지에 대한 이스라엘 편에서의 마땅한 반응을 놓고는 두 가지 상이한 입장이 팽팽히 맞선다. 우선, 적극파 갈렙이 있다. 후에 나타나지만 여호수아도 같은 입장이다민 14:6. 그는 "우리가 곧 올라가서 그 땅을 취하자! 능히 이리기라"30절 하고 진취적 기상을 나타낸다. 그러나 다수의 정탐꾼들 (나머지 열 명)은 소극파로서 "우리는 능히 올라가서 그 백성을 치지 못하리라. 그들은 우리보다 강하니라" 31절라고 회피적 입장을 굳힌다. 그런데 이 소극파의 회피적 입장이 오늘 다루고 있는 자기 비하의 모습을 여지없이 반영하고 있다는 것이다.

소극파의 궁극적 주장에는 세 가지 평가 내용이 포함되어 있다. 첫째, 땅에 대한 평가이다. "우리가 두루 다니며 탐지한 땅은 그 거민을 삼키는 땅이요" 32절 상반. 이런 악평이 잘못된 것은 땅에 대한 원래 보고 내용인 젖과 꿀이 흐르는 땅 27절과 정면으로 상충되기 때문이다.

둘째, 거민에 대한 평가로, "거기서 본 모든 백성은 신장이 장대한 자들이며 …… 또 네피림 후손 아낙 자손 대장부들" 32절 하반-33절 상반이라고 말한다. 아낙 자손이 신장이 크고 체구가 장대한 것은 사실이지만 그렇다고 하여 이들을 네피림 후손창 6:4 참조이라고까지 말하는 것은 두려움을 더욱 조장하기 위한 과장 행위임을 알 수 있다.

셋째, 결국 자신에 대한 평가로 귀착한다. 두령들인데도 메뚜기같이 보이는 것은 자신들이 생각하든 그들이 생각하든 마찬가지일 것이라고 말한다. 이처럼 소극파의 인식과 이해는 모순과 왜곡으로 점철되었고, 급기야는 자기 비하의 심연으로 잠적해 버린다.

결국 40년을 광야에서 떠돌다
이스라엘 지도자들의 이러한 자기 비하는 어떤 후유증을 낳을까? 첫째, 자신들의 죽음을 초래한다. 정탐꾼으로 파송 받았다가 땅을 악평하여 소극파 식으로 반응한 이들은 끝내 "여호와 앞에서 재앙으로" 죽음을 맞이한다민 14:36-37.

둘째, 이스라엘 백성의 불신을 조장함으로써 공동체적 위기를 조성한다. 이것은 이들이 일반 백성이 아니라 각 지파의 족장이었기 때문에 더욱 커다란 부정적 파급 효과를 일으키게 되었던 것이다. 열 명의 소극파가 비관적인 발언을 하자 이스라엘 온 회중은 울고불고 난리를 쳤고민 14:1, 이것이 곧 최고 지도자 모세와 아론에 대한 원망으로 나타났으며민 14:2, 심지어는 한 장관을 세우고 애굽으로 되돌아가자고까지민 14:4 제안하기에 이른다.

셋째, 40년의 광야 방황이 있은 연후에야 가나안 땅에 들어가게 된다. 이스라엘 백성은 40년 동안 광야를 방황하고민 14:34, 그동안 여호수아와 갈렙을 제외한 20세 이상의 백성은 모두 광야에서 죽음을 맞는다민 14:29-30. 길게 잡아도 고작 한 달이면 들어갈 수 있는 가나안 땅인데, 하나님의 심판으로 인하여 방황과 죽음의 비극이 연출됐던 것이다.

자기 비하의 근본적 이유

왜 이스라엘의 지도자들과 백성은 이처럼 공동체적 차원의 자기 비하에 희생물이 되고야 말았을까? 비록 몇 가지 환경적 요인을 이야기 했지만, 정말 더 심층적인 이유는 무엇일까? 여기에는 세 가지 이유가 있다.

하나님을 전적으로 신뢰하는가

첫째, 자기 비하의 근원적 이유는 하나님을 전적으로 신뢰하지 못했기 때문이다. 하나님께서는 아브라함 및 그 족장들과 맺은 언약 가운데, 또 출애굽 전후 시기에 모세를 통해 지속적으로 가나안 땅에 대한 약속을 일깨워 주셨다. 우선, 아브라함이나 족장들에 대한 약속을 보자.

> 그날에 여호와께서 아브람으로 더불어 언약을 세워 가라사대 "내가 **이 땅을** 애굽강에서부터 그 큰 강 유브라데까지 **네 자손에게 주노니** 곧 겐 족속과 그리스 족속과 갓몬 족속과 헷 족속과 브리스 족속과 르바 족속과 아모리 족속과 가나안 족속과 기르가스 족속과 여부스 족속의 땅이니라" 하셨더라_창 15:18-21.

> 여호와께서 이삭에게 나타나 가라사대, "애굽으로 내려가지 말고 **내가 네게 지시하는 땅**에 거하라. 이 땅에 거하면 **내가 네게 복을 주고 내가 이 모든 땅을 너와 네 자손에게 주리라.** 내가 네 아비 아브라함에게 맹세한 것을 이루어 네 자손을 하늘의 별과 같이 번성케 하며 **이 모든 땅**

을 네 자손에게 주리니 네 자손을 인하여 천하 만민이 복을 받으리라_창 26:2-4.

그[야곱]에게 이르시되, "나는 전능한 하나님이니라. 생육하며 번성하라. 국민과 많은 국민이 네게서 나고 왕들이 네 허리에서 나오리라. 내가 **아브라함과 이삭에게 준 땅을 네게 주고 내가 네 후손에게도 그 땅을 주리라**" 하시고_창 35:11-12.

그 후 미디안 광야에서 모세를 처음으로 부르실 때에도 약속의 땅에 대해 언급하셨고 그 이후에도 계속해서 말씀하셨다.

여호와께서 가라사대, "내가 애굽에 있는 내 백성의 고통을 정녕히 보고 그들이 그 간역자로 인하여 부르짖음을 듣고 그 우고를 알고 내가 내려와서 그들을 애굽인의 손에서 건져내고 그들을 그 땅에서 인도하여 **아름답고 광대한 땅, 젖과 꿀이 흐르는 땅 곧 가나안 족속, 헷 족속, 아모리 족속, 브리스 족속, 히위 족속, 여부스 족속의 지방**에 이르려 하노라_출 3:7-8.

여호와께서 너를 인도하여 **가나안 사람과 헷 사람과 아모리 사람과 히위 사람과 여부스 사람의 땅 곧 네게 주시려고 네 조상들에게 맹세하신**

바 젖과 꿀이 흐르는 땅에 이르게 하시거든 너는 이 달에 이 예식을 지켜_출 13:5.

이처럼 이스라엘 족속이 가나안 땅을 차지하게 되리라는 약속은 어쩌다 한 번 휙 던져 본 것이 아니다. 결코 변개할 수 없는 언약의 한 가지 조항으로, 하나님 편에서 신실하고 끈질기게 지속적으로 언명하신 약속의 내용이다.

하나님께서는 땅에 대한 약속만 하신 게 아니다. 땅을 얻게 될 때 필요한 방편까지도 약속하셨다_출 33:2; 신 7:1 참조. 그런데도 이스라엘 백성은 이 약속을 믿지 않았던 것이다. 결국 자기 비하로 이어지는 것은 피할 수 없는 현실이었다.

하나님의 권능을 의지하는가

둘째, 자기 비하의 또 다른 근원적 이유는 하나님의 권능에 대한 고의적 무시이다. 만일 기적과 초자연적 역사를 통한 하나님의 권능 현시를 가장 많이 목도한 무리를 지적해 보라고 한다면, 절대 빠질 수 없는 대상이 바로 출애굽 당시의 이스라엘 민족일 것이다. 왜냐하면 그들은 불과 몇 년 사이에 다른 시대 다른 민족이었다면 평생에 걸쳐 한두 번이나 겪을까 말까 한 엄청난 기적적 사건들을 정말 무더기로 경험했기 때문이다.

하나님께서는 애굽과 애굽 사람들을 다음 열 가지 재앙으로 징치하셨다. 피 재앙출 7:20-21, 개구리 재앙출 8:6, 이 재앙출 8:17-18, 파리 재앙출 8:24, 악질 재앙출 9:6, 독종 재앙출 9:10-11, 우박 재앙출 9:23-25, 메뚜기 재앙출 10:13-15, 흑암 재앙출 10:22-23, 장자 살해 재앙출 12:29-30. 그리고 이스라엘 백성은 이것을 직접 겪거나 목격했다. 또 그들은 무엇보다도 홍해가 갈라졌다가 이스라엘 백성의 통과 후 물이 다시 합쳐지는 기적출 14:21-30 또한 경험했다.

이스라엘 백성은 출애굽 이후 가나안에 정탐꾼을 보내기 전까지도 지속적으로 하나님의 초자연적 역사를 누렸다. 물이 달아지는 기적출 15:25, 만나와 메추라기의 공급출 16:13-15, 반석에서 물이 나온 일출 17:6, 하나님의 시내 산 강림 사건출 19:16-20, 성막에 덮이는 여호와의 영광출 40:34, 아론의 아들 나답과 아비후의 죽음레 10:1-2, 성막 위 불 기둥과 구름 기둥의 동반민 9:15-17, 불이 꺼진 사건민 11:1-2, 메추라기 재앙민 11:33-34, 미리암의 문둥병 발발민 11:10 등을 친히 겪었다.

특히 하나님께서 함께하시면 얼마든지 적들과 싸워 승리할 수 있음도 경험한 바였다. 이스라엘에 맞섰던 두 대상이 모두 패망했는데, 우선 출애굽 당시 이스라엘을 추격했다가 홍해에서 몰살한 애굽의 바로 군대가 그랬다출 14:23-30. 이에 대해 성경은 "이스라엘이 여호와께서 애굽 사람들에게 베푸신 큰 일을 보았다"출 14:31고 증거하고 있다.

또 이스라엘이 시내 산으로 가는 도중 르비딤에서 아말렉 사람들과 조우했다. 이때 아론과 훌은 모세의 양팔을 지속적으로 들어 올림으로써 실제 전투에 참여한 여호수아가 승리를 거두도록 도왔다출 17:8-13. 하나님께서는 이 사건을 기록하게 하셨고 귀에 외워 들리라고 하셨다출 17:14. 비록 그 의도가 아말렉을 도말하기 위한 것이기는 했지만, 어쨌든 이 전투에서도 "여호와가 아말렉으로 더불어 싸운 것"출 17:16만큼은 부인할 수 없는 사실이었다.

이처럼 출애굽한 이스라엘 백성은 두 방면으로 하나님의 권능을 체험했다. 첫째, 출애굽 사건부터 시작하여 가나안 정탐 직전까지 이스라엘 백성을 보호하고 지키셨다. 둘째, 하나님께서는 이스라엘과 함께하시고 그들을 위해 애굽과 더불어 아말렉과 더불어 싸워 주셨다. 이스라엘의 경우가 아니라면 "어떤 신이 와서 시험과 이적과 기사와 전쟁과 강한 손과 편 팔과 크게 두려운 일로 한 민족을 다른 민족에게서 인도하여 낸 일"신 4:34이 있겠는가? 그런데도 이스라엘의 족장들이 자기 비하적인 메뚜기 타령이나 하면서 주저앉은 것은, 이렇게 하나님의 권능을 고의적으로 무시했기 때문이다.

하나님의 통치하심을 기꺼이 받고 있는가

셋째, 자기 비하의 마지막 근원적 이유는 하나님의 통치와 다스림에 대한 거리낌과 혐오에서 찾을 수 있다. 이스라엘 백성은 출애굽을 하기는 했지만, 하나님의 나라와 하나님의 구속 계획에는 큰 관심이 없었다. 하나님과 민족 단위에서의 언약을 체결하기는 했지만, 그것에 대해 큰 의미를 두지 않았고, 언약 백성으로서의 신앙적 자태 형성이나 가치관의 실현 따위는 아예 안중에 없었던 것이다.

그들은 가나안 땅에 대한 관심과 열정이 매우 적었기 때문에 그곳까지 이르는 여정을 은혜롭게 감당하지 못했다. 조금만 불편하고 괴로우면 지도자를 원망하고 심지어 하나님께 불평을 늘어놓았다출 14:11-12; 15:24; 16:2-3, 7-8, 12; 17:2-4, 7; 민 11:1, 4-6. 틈만 나면 애굽이 더 낫다고 하든지 애굽을 그리워하는 투로 말했다출 14:12; 16:3; 민 11:5. 심지어는 애굽으로 되돌아가자는 제안까지 나올 지경이었으니민 14:4 이들의 상태가 얼마나 심각한지 알 수 있을 것이다.

이스라엘 지도자들은 하나님의 약속을 불신했고, 하나님의 능력을 고의적으로 무시하는가 하면, 하나님의 통치에 대해 혐오감마저 보였다. 마음이 이 지경이니 가나안 땅을 쟁취하는 과제가 너무나 버겁게 느껴졌고, 게다가 강력한 적들이 눈앞에 보이자 여지없이 자기 비하의 쓸데없는 드라마만 연출하게 되었던 것이다.

여호수아와 갈렙처럼

그렇다면 어떻게 해야 이러한 자기 비하의 심리 상태로부터 벗어날 수 있을까? 자기 비하의 심층적 이유 세 가지를 역전(逆轉)하는 길밖에 없다. 이러한 태도를 여호수아와 갈렙의 반응에서 볼 수 있다.

> 그 땅을 탐지한 자 중 눈의 아들 여호수아와 여분네의 아들 갈렙이 그 옷을 찢고 이스라엘 자손의 온 회중에게 일러 가로되, "우리가 두루 다니며 탐지한 땅은 **심히 아름다운 땅**이라. **여호와께서 우리를 기뻐하시면** 우리를 그 땅으로 인도하여 들이시고 그 땅을 우리에게 주시리라. 이는 과연 **젖과 꿀이 흐르는 땅**이니라. **오직 여호와를 거역하지 말라. 또 그 땅 백성을 두려워하지 말라.** 그들은 우리 밥이라. 그들의 보호자는 그들에게서 떠났고 **여호와는 우리와 함께하시느니라. 그들을 두려워 말라**" 하니_민 14:6-9.

두 사람의 반응에는 세 가지 태도가 나타난다. 첫째, 가나안 땅에 대한 태도로서 "심히 아름다운 땅"7절, "젖과 꿀이 흐르는 땅"8절이라는 표현에도 나타나듯 매우 긍정적 평가를 하고 있다.

둘째, 하나님의 뜻과 역사에 대한 태도 또한 매우 희망적이다. "여호와께서 우리를 기뻐하시면"8절이라는 표현은 여호와께서 기뻐하실 수도 있고 그렇지 않을 수도 있다는 확률적 신념을 나타내는 것이 아니다. 다른 어떤 것이 아니라 오직 "여호와께서 우리를 기뻐하시느냐 않느냐"가 문제 해결의 열쇠라는 뜻이다. 즉 여호와께서 우리를 기뻐하신다는 조건만 충족이 된다면 가나안 땅으로의 인도와 그 땅의 획득은 아무런 문제가 없다는 말이다.

그런데 이스라엘 조상과 맺은 언약의 체결이나 출애굽 이후 지금까지의 하나님 인도하심과 같은 경과로 보건대 여호와께서 우리를 기뻐하고 있음이 분명하다는 것이다. 이처럼 여호와께서 우리를 기뻐하시는 것이 분명한 이상, "여호와를 거역해서는 안 된다"9절는 것이다.

셋째, 거민에 대한 견해 역시 자연히 진취적이고 용맹스럽지 않을 수 없었다. 가나안 땅과 그 주변 백성들을 두려워하지 말라는 것이다. 그들을 두려워할 까닭이 없는 것은, 그들을 방비해 주고 있는 보호 장치 및 그들이 의뢰하는 신들이 더 이상 그들과 함께하지 않는 반면, 여호와께서는 내내 자신들과 함께하기 때문이다.

여호수아와 갈렙의 이러한 세 가지 태도는 다른 정탐꾼 10인의 자기 비하적 발언 및 자세와 완전히 상반된다. 사실 이런 태도만이 이스라엘 지도자들을 잠식하고 있는 자기 비하의 질병으로부터 이스라엘을 구해 낼 수 있었다.

하나님의 약속을 붙들고 모든 일에 담대하라

오늘날 한국 교회는 과도할 정도로 공동체적 차원에서의 자기 비하에 빠져 있다. 우선, 지난 10년 간 교세의 감퇴가 단순한 추정 수준을 넘어 사실로 확인되었다. 뿐만 아니라 그리스도인들의 헌신도나 질적 성숙 면에서도 괄목할 만한 성장을 찾아볼 수 없다.

게다가 기독교 및 교회에 대한 비그리스도인들과 일반 사회의 눈길이 곱지 않을 뿐 아니라 부분 부분에 있어서는 적대적 태도로까지 돌변하고 있는 실정이다. 교계의 지도자들이나 일반 교우들이나 "우리가 뭐기에 ……" "기껏해야 우리는 ……" 식의 자기 비하적 발언을 통해 집단적 메뚜기 콤플렉스를 노출하고 있다.

그러나 주어진 환경 때문에 이런 식의 자기 비하에 빠지는 것은 정탐꾼 10인의 오류를 재연하는 것에 지나지 않는다. 첫째, 이러한 자기 비하는 하나님의 약속에 대한 신뢰의 결여이다. 하나님께서는 더불어 언약을 맺는 하나님의 교회, 하나님의 백성에 대해 여전히 다음과 같은 약속을 하고 계신다.

> 또 내가 네게 이르노니, "너는 베드로라. 내가 이 반석 위에 **내 교회를 세우리니 음부의 권세가 이기지 못하리라**" _마 16:18.

> 자기 앞에 영광스러운 교회로 세우사 티나 주름 잡힌 것이나 이런 것들이 없이 거룩하고 흠이 없게 하려 하심이니라 _엡 5:27.

둘째, 자기 비하는 하나님의 능력을 고의적으로 무시하는 것과 같다. 왜냐하면, 하나님께서는 복음의 진리를 통하여 우리에게 하나님의 능력이 무엇인지를 가르치고 계시기 때문이다.

> **그의 힘의 강력으로 역사하심을 따라 믿는 우리에게 베푸신 능력의 지극히 크심이 어떠한 것**을 너희로 알게 하시기를 구하노라_엡 1:19.

> 이를 위하여 나도 내 속에서 **능력으로 역사하시는 이의 역사를 따라** 힘을 다하여 수고하노라_골 1:29.

셋째, 하나님의 통치에 대한 거리낌 역시 자기 비하의 만연에 일조하고 있는 듯하다. 그러나 교회가 하나님의 통치를 싫어하면 영적 자승자박의 우를 범하는 것이다.

> **심령이 가난한 자**는 복이 있나니 **천국이 저희 것임이요**_마 5:3.

> 하나님의 나라는 먹는 것과 마시는 것이 아니요 **오직 성령 안에서 의와 평강과 희락이니라**_롬 14:17.

따라서 다시금 하나님의 약속과 하나님의 능력과 하나님의 통치로 되돌아가야 한다. 그것만이 공동체 차원의 자기 비하에서 벗어나는 길이다. 비록 교세가 기울고, 교우들의 헌신도가 떨어지고, 세상의 비난이 거세며, 한국 교회의 미래가 불투명하다고 한들, 그것은 이 시대 하나님의 나라를 위해 우리가 극복해야 할 몇 가지 장애물에 지나지 않는다. 그것이 반드시 하나님 나라의 쇠퇴나 하나님 교회의 비극적 운명을 의미하는 것은 아니다. 따라서 이제는 제발 자기 비하의 칭얼거림은 거두고, 수적·질적 부흥이나 교회의 위상 회복 등 우리에게 맡겨진 천국의 과제를 향하여 의연히 나아가자.

제9장 |Self-pity

자기 연민

:
:

내 생일이 저주를 받았더면, 나의 어미가 나를 생산하던 날이 복이 없었더면, 나의 아비에게 소식을 전하여 이르기를, "네가 생남하였다" 하여 아비를 즐겁게 하던 자가 저주를 받았더면, 그 사람은 여호와께서 훼파하시고 후회치 아니하신 성읍같이 되었더면, 그로 아침에는 부르짖는 소리, 낮에는 떠드는 소리를 듣게 하였더면, 이는 그가 나를 태에서 죽이지 아니하셨으며 나의 어미로 내 무덤이 되게 하지 아니하셨으며 그 배로 항상 부르게 하지 아니하신 연고로다. 어찌하여 내가 태에서 나와서 고생과 슬픔을 보며 나의 날을 수욕으로 보내는고?_렘 20:14-18

자연스러운 자기 연민과 지나친 자기 연민

'자기 연민'에서 '연민'은 "다른 이가 겪는 고난이나 불행 때문에 발동이 된 동정심과 관심"을 의미하는 말로, 당연하고 또 바람직한 감정 상태라고 할 수 있다. 그러나 자기 연민의 경우는 좀 사정이 다르다.

자기 연민의 뜻부터 보면, 이것은 "어떤 이가 자신의 처지나 곤란 등으로 인해 자기 자신에 대해 연민의 감정을 갖는 것"이다.

그렇다면 자기 연민에 대해서는 어떤 평가를 내려야 할까? 물론 어느 정도의 자기 연민은 인간의 자아 생활에서 자연스런 현상이다. 인간은 누구나 신앙의 정도나 나이, 지위, 성품에 상관 없이 어려운 상황과 처지에 빠지면, 자기 연민의 감정을 갖게 마련이다.

한 걸음 더 나아가 지나치지 않은 정도의 자기 연민은 카타르시스 작용을 함으로써 정신적 정화제 노릇까지도 한다. 또 자기 연민의 감정을 하나님 앞에서 표출한다고 해서 죄가 되는 것도 아니다.

모세, 엘리야, 욥도 자기 연민의 모습을 드러내 보였다.

[모세가] 여호와께 여짜오되, "**주께서 어찌하여 종을 괴롭게 하시나이까?** 어찌하여 나로 주의 목전에 은혜를 입게 아니하시고 **이 모든 백성을 내게 맡기사 나로 그 짐을 지게 하시나이까?** 이 모든 백성을 내가 잉태하였나이까? 내가 어찌 그들을 생산하였기에 주께서 나더러 양육하는 아비가 젖 먹는 아이를 품듯 그들을 품에 품고 주께서 그들의 열조에게 맹세하신 땅으로 가라 하시나이까? 이 모든 백성에게 줄 고기를 내가 어디서 얻으리이까? 그들이 나를 향하여 울며 가로되, '우리에게 고기를 주어 먹게 하라' 하온즉 책임이 심히 중하여 나 혼자는 이 모든 백성을 질 수 없나이다. 주께서 내게 이같이 행하실진대 구하옵나니 내게 은혜를 베푸사 **즉시 나를 죽여 나로 나의 곤고함을 보지 않게 하옵소서!**" _민 11:11-15.

> 저[엘리야]가 이 형편을 보고 일어나 그 생명을 위하여 도망하여 유다에 속한 브엘세바에 이르러 그 사환을 그곳에 머물게 하고 스스로 광야로 들어가 하룻길쯤 행하고 한 로뎀나무 아래 앉아서 **죽기를 구하여** 가로되, "**여호와여! 넉넉하오니 지금 내 생명을 취하옵소서**. 나는 내 열조보다 낫지 못하니이다" 하고_왕상 19:3-4.

> **나[욥]의 난 날이 멸망하였었더라면, 남아를 배었다 하던 그 밤도 그러하였었더라면, 그날이 캄캄하였었더라면, 하나님이 위에서 돌아보지 마셨더라면, 빛도 그날을 비취지 말았었더라면 …… 어찌하여 내가 태에서 죽어 나오지 아니하였었던가? 어찌하여 내 어미가 낳을 때에 내가 숨지지 아니하였던가?**_욥 3:3-4, 11.

문제는 자기 연민의 정도가 지나칠 때이다. 자기 연민의 정도가 지나친지 아닌지는 주로 두 가지 표준을 적용해 판별할 수 있다. 첫째, 자기 연민이 마음의 습관으로 자리 잡아서는 안 된다. 자기 연민이 어쩌다 한두 번 나타나는 게 아니라, 아예 지속적인 자기 본성이 된 것이다.

둘째, 자기 연민이 자아 생활(및 감정 상태)을 지배하는 주요인으로 굳혀진다면, 그리하여 그 당사자의 성품으로 고착화되어 버렸다면 이 역시 정도가 지나치다는 징표이다.

성경에서는 예레미야가 바로 이렇게 정도가 지나친 자기 연민에 빠져 있었다.

자기 연민의 특징적 요소

자기 연민은 세 가지 모습을 보이는데, 예레미야의 경우에도 마찬가지이다.

쓸데없는 하소연

첫째, 자기 연민은 표현할 때 줄곧 비탄, 회한, 탄식의 언어를 착용하고 나타난다. 우선, 예레미야의 독백에는 '~하였더면' 하는 식의 기원형(祈願形, optative) 어법이 빈번히 등장한다. 14절에 "받았더면", "없었더면", 15절에 다시 "받았더면", 16절에는 "되었더면", "하였더면"이라는 표현이 보인다. 이렇게 다섯 번에 걸친 '~하였더면'은 그야말로 비탄, 회한, 탄식의 정서를 그대로 담아낸다.

그 이외에도, 18절에 등장하는 "어찌하여 ~하는고?"라는 수사적 질문 역시 비탄, 회한, 탄식 등을 보면 발설자가 비관적 정신 상태에 사로잡혀 있음을 알 수 있다.

겉과 속이 다른 말

둘째, 자기 연민은 논리적으로 불합리하고, 온통 모순 덩어리이며, 억지 일색이다. 무엇보다도 먼저, 과거에 대한 집착 경향이 무서울 정도로 강렬히 노출되고 있다. 사실 과거는 이미 지나간 것이므로 돌이킬 수도 없고 바꿀 수도 없다. 그런데도 예레미야는 자신의 과거가 실제 경험한 바와 달랐더라면 얼마나 좋았을까? 하고 한탄한다.

그가 집착하는 과거는 바로 그의 출생일14-17절이다. 이러한 집착 모습은 생일에 대한 것14절, 득남의 기쁜 소식을 전달하는 것15-16절, 모태에 대한 것17절으로 나타나 있다. 그러나 이런 원망은 아무런 쓸모가 없다. 이미 남아로 태어나 지금껏 살아왔는데, 어떻게 그 생일이 저주를 받겠으며14절, 이미 득남의 기쁜 소식을 전했는데 어떻게 그 인물이 자연 재앙16절 상반이나 전쟁16절 하반으로 인한 장애물 때문에 임무 수행에 차질이 빚어지겠는가? 또 이미 출산을 한 산모의 배가 유산의 상태가 된다는 것은 더욱이 있을 수 없는 일이다.

또 자신의 출생 현상과 관련해서도 조리에 맞지 않는 모순적 발언을 하고 있다. 그는 17절에서 그[하나님]가 자신을 태에서 죽이지 아니하신 것을 원망하고 있다. 그러나 이런 식의 진술이 가당치 않음은, 하나님께서 예레미야를 부르실 때 주신 말씀과 정면으로 충돌하기 때문이다. "내가 너를 복중에 짓기 전에 너를 알았고 네가 태에서 나오기 전에 너를 구별하였고"렘 1:5-6.

하나님께서는 예레미야가 탄생하기 전부터 그에 관한 자신의 작정을 확립해 두셨다. 그런데 어떻게 그를 모태에서 죽이는 것과 같은 그분의 작정 내용과 반대되는 사태가 벌어질 수 있겠는가?

그는 억지를 부리고 있다. 그는 사실 저주와 죽음을 원하는 것이 아니다. 만일 그가 진정으로 저주와 죽음을 원했다면, 이러한 한탄을 할 필요도 없고, 자기 연민의 늪에서 허우적거릴 필요도 없었을 것이다. 아예 모든 것을 체념한 채 입을 굳게 다물고 있든지, 아니면 하나님을 저주하며 자살을 꾀하든지 했어야 한다.

이런 면에서 볼 때 자기 연민의 논리는 많은 불합리와 모순을 담고 있다.

현실 비관

자기 연민은 현재의 불행에 대한 자포자기적, 비관적 반응이 핵심이다. 자기 연민은 표면상으로는 과거에 대한 집착 같지만, 실상은 현재의 사태에 대한 것이다.

예레미야 역시 예외가 아닌 것은, 그가 "어찌하여 내가 태에서 나와서 ……" 18절라고 진술한 것으로 보아 알 수 있다. 그는 태에서 나와 지금 자신이 겪고 있는 현실의 사태에 초점을 맞추고 있는 것이다.

자기 연민은 언뜻 보기에는 경험자가 겪는 객관적 환경에 문제가 있는 것 같지만, 실상은 그런 환경에 대한 주관적 정신 상태가 문제의 핵심이다. 물론 예레미야가 겪은 환경이 엄청나게 어렵다는 것은 누구든 인정한다. 그러나 더욱 문제가 되는 것은 그러한 사태를 어떻게 인식하느냐 하는 것이다. 그런데 예레미야는 자신의 처지를 고생, 슬픔, 수욕 등으로 매우 불행스럽게 묘사한다. 이것이 바로 자기 연민이 갖는 문제의 핵심이다.

자기 연민의 요인 분석

예레미야가 자기 연민에 사로잡히게 된 까닭은 환경의 어려움과 버림 받은 느낌, 실패했다는 생각, 이 세 가지가 뒤엉켜 있기 때문이다. 자기 연민의 요인을 찾는 데 도움이 되는 힌트는 예레미야의 기도 내용에 있다.

여호와여! **주께서 나를 권유하시므로 내가 그 권유를 받았사오며** 주께서 나보다 강하사 이기셨으므로 내가 **조롱거리**가 되니 사람마다 종일토록 나를 조롱하나이다. 대저 내가 말할 때마다 외치며 **강포**와 **멸망**을 부르짖으오니 여호와의 말씀으로 하여 **내가 종일토록 치욕과 모욕거리가 됨**이니이다. "내가 다시는 여호와를 선포하지 아니하며 그 이름으로 말하지 아니하리라" 하면 나의 중심이 불붙는 것 같아서 골수에 사무치니 답답하여 견딜 수 없나이다. 나는 **무리의 비방**과 **사방의 두려움**을 들었나이다. 그들이 이르기를, "고소하라! 우리도 고소하리라" 하오며 **나의 친한 벗도 다 나의 타락하기를 기다리며** 피차 이르기를 "그가 혹시 유혹을 받으리니 우리가 그를 이기어 **우리 원수를 갚자**" 하나이다_렘 20:7-10.

환경의 어려움

자기 연민은 무엇보다도 어려운 환경에 처했을 때 생겨난다. 예레미야는 자신의 메시지에 적대적인 태도를 보이는 이들과 끊임없이 맞서야 했다. 그는 전에 -- 예레미야서의 순서로는 26장이지만 연대기적으로는 여호야김 왕 즉위 초(주전 609년)에 발생된 바로서 20장보다 앞선 일임 -- 여호와의 집 뜰에 서서 유다의 죄를 지적하고 성전의 훼파를 예언한 적이 있었다_렘 26:1-6. 이때 이 메시지를 들은 제사장들, 선지자들 및 백성은 즉시 그를 죽이려고 했다_렘 26:7-8.

또 심판과 재앙의 메시지를 들은 유다 사람들과 예루살렘 거민들은 예레미야를 치자고 모략을 꾸미기도 했다_렘 18:18. 여호와께서 예루살렘 성을 쳐서 멸망시키기로 하셨다고 메시지를 전하자, 제사장 바스훌은 예레미야를 때리고 착고에 채워 감금시켰다 풀어 주었다_렘 19:14-20:2.

이렇게 그의 기도에는 환경적 어려움에 대한 호소가 많다. 그는 "사람들"7절, "무리"10절, "친한 벗"10절으로부터 "조롱"7절, "치욕"8절, "모욕"8절, "비방"10절, "고소"10절에 관한 말을 들었다. 뿐만 아니라

"강포와 멸망을 부르짖고"8절, "원수를 갚자"10절는 위협을 받는다. 이것은 실로 예레미야 자신의 표현처럼 "사방의 두려움"10절이다.

버림 받은 느낌

자신의 메시지에 대한 적대적 반응은 예레미야에게서 버림 받은 느낌을 불러일으킨다. 이런 심리 상태에서는 자기 연민이 자연스럽게 생성된다. 그런데 그에게 이렇게 버림 받은 느낌이 있다는 것은 과장된 표현을 보아 알 수 있다.

"사람마다 종일토록 나를 조롱하나이다"8절에 나와 있듯 "모든 사람들이 하루 종일" 자신만 조롱하고 있다고 말하는데, 이는 과장된 표현이다. 또 "친한 벗도 다 나의 타락하기를 기다린다"10절고 했는데, 비록 예레미야에게 진정한 벗이 적기는 하였지만 그렇다고 모두가 다 그를 배신하든지 몰락을 염원한 것은 아니었다.

여호야김 왕 밑의 고위급 관리인 아히감이 예레미야의 목숨을 구하는 데 일조했고 렘 26:24, 예레미야가 왕의 아들인 말기야의 구덩이에 빠져 있을 때 왕에게 간언을 해 구해 준 왕궁의 환관 구스인 에벳멜렉이 있었으며렘 38:6-13, 또 무엇보다도 예레미야의 성실한 서기관인 바룩이 있었다렘 36:4. 이렇게 과장법이 등장하는 까닭은 그가 사람들에게서 버림 받았다고 느끼기 때문이다.

실패했다는 생각

자신의 메시지에 사람들이 적대적인 반응을 보이자 예레미야는 실패했다는 생각에 사로잡혔다. 그는 하나님께서 불러 임명한 선지자였다렘 1:5, 7-8, 10; 7:2; 11:1-2; 18:5-14; 19:14; 26:1-2, 8. 그런데 그의 메시지에 대해 사람들이 너무나 부정적인 반응을 보이자 그는 선지자로서의 자신감을 상실했다. 비록 사명에 대한 불타는 마음이 소멸한 것은 아니겠지만렘 20:9 참조, 자신이 선지자로서 실패한 것은 아닌가 하는 생각이 들었던 것이다.

이것은 우선 자신의 처지와 고난에 대한 책임을 은근히 하나님께 돌리는 표현 가운데 나타난다.

"주께서 나를 권유하시므로 내가 그 권유를 받았사오며"7절.

"주께서 나보다 강하사 이기셨으므로 내가 조롱거리가 되니"7절.

"여호와의 말씀으로 하여 내가 종일토록 치욕과 모욕거리가 됨이니이다"8절.

감정의 기복 또한 심한데, 이는 하나님의 도우심에 대한 하늘의 기쁨 렘 20:11-13으로부터 철저한 자기 연민렘 20:14-18의 늪으로 빠져드는 모습을 보면 알 수 있다.

이렇게 자기 연민의 세 가지 요인 사이에는 일종의 진전이 있다. 즉 환경이 어려우면 버림 받았다는 느낌에 사로잡히고, 이러한 감정은 즉시 실패했다는 생각으로 이어진다.

환경의 어려움 → 버림 받은 느낌 → 실패했다는 생각

자기 연민의 파괴적 결과

자기 연민은 어느 정도는 자연스러운 일이지만, 과도한 자기 연민은 위험하다. 과도한 자기 연민으로 발전하기 전에 미리미리 이를 다스려야 한다. 만일 자기 연민을 제대로 다스리지 않으면 어떤 위험한 결과가 초래될까?

첫째, 자아상 혹은 자기 인식이 부정적 방향으로 고착화된다. 자아상은 이상적 자아와 인지된 자아 사이의 역동적 상호 작용에 의해 형성되기 때문에, 결코 정적(靜的)일 수가 없다. 만일 정적인 상태에 머물러 있다면 이것은 이미 건전한 자아상이 아니다. 하물며 부정적 방향으로 고착화된 것은 오죽하겠는가? 그런데 자기 연민은 이러한 경향으로 고착화하는 것을 부추긴다.

둘째, 자기 집착 증상이 심해진다. 자신의 내면이 건전한 정도만큼 외향적이 된다. 반대로 내면에 얽힌 것이 많으면, 자신의 문제를 돌보느라 바깥으로 정신을 쏟지 못한다. 과도한 자기 연민에 빠져 있는 한 자기 집착의 쳇바퀴로부터 벗어난다는 것은 매우 힘든 일이다.

셋째, 도피주의적 성향이 짙어진다. 자기 연민은 처음에 힘든 환경으로부터 출발했기 때문에 그 정도가 과하면 과할수록, 외부 영역이나 정상적인 인간 관계, 공동체 및 사회의 실상과 같은 객관적 세계로부터 숨으려고 든다. 또 어떤 과실의 책임 문제가 나오면 누구누구를 탓하기가 일쑤다. 뿐만 아니라 까딱 잘못하면, 고뇌를 줄이기 위해 술, 마약, 도박, 게임, 성 등에 의존하고 곧 중독 현상을 유발하기도 한다.

넷째, 자아의 삶에서 병적 자기 파괴 성향이 내면화된다. 인간의 정신 활동과 상태에 있어 건전한 자기 성찰은 매우 중요하다. 그러나 과도한 자기 연민이 도입되면 자기 성찰과 내성이 파괴적인 것으로 탈바꿈한다. 그리하여 자학, 자기 혐오, 자기 정죄 등이 꽃피우게 되고, 병리적으로는 신경 쇠약이나 조울병(躁鬱病)의 증상이 나타난다.

자기 연민 다스리기

과도한 자기 연민이 초래하는 위험을 예방하고 다스리기 위해서는 어떤 전략이 필요할까?

힘들수록 하나님이 당신을 부르신 목적을 생각하라

먼저 하나님의 부르심을 지속적으로 확인해야 한다. 어려운 환경이 계속되면 자기 연민에 빠지기가 쉽다. 하지만 그런 때일수록 하나님께서 부르신 목적을 확실히 해야 한다. 더불어 그러한 부르심의 목적이라는 각도에서 자신이 왜 어려운 환경에 처해 있는지 생각해 보아야 한다.

모세가 자기 연민의 칭얼댐으로부터 구조 받은 것은, 과도한 업무 분담민 11:16-25이나 백성들에게 고기를 공급하는민 11:31-32 등 당면 과제를 해결하는 데 있어서 자신의 역할과 중보자로서의 책임민 11:16-17을 확인했기 때문이다.

엘리야 역시 자기 연민으로부터 벗어날 수 있었던 것은 궁극적으로 하나님께서 엘리야에 대한 사명의 내용을 재천명하심으로써 가능했다왕상 19:15-18. 욥 또한 고난의 의미와 자신을 향한 하나님의 높으신 뜻을 깨달음으로써욥 38:1-42:6 더 이상 자기 연민의 희생자로 머물지 않는다. 이 점에 있어서는 예레미야도 마찬가지인데, 여호와 하나님께서는 기진맥진하고 자기 연민에 빠진 예레미야의 소명의식과 사명감을 다시 고취시키신다렘 25:1, 12, 15.

자기 연민의 이러한 파괴적 영향에서 벗어나려면 내가 현재 왜 이 자리에 서 있는지, 나를 통해 무엇을 이루기를 원하시는지 하나님께서 나를 부르신 목적이 무엇인지 다시금 확인해야 할 것이다.

자신의 삶을 객관적으로 들여다보라

지금까지 지내 온 자신의 생애를 제3자의 시각으로 덤덤히 조망하는 일이 필요하다. 어려운 환경과 자기 연민에 시달리고 있을 때는, 자꾸 그 부분에만 초점을 맞추려고 한다. 또 너무 현재의 시각으로 자신의 인생 전체를 조망하게 되기도 쉽다. 바로 이러한 심리적·인식적 유혹을 박차고 일어서야 한다. 오히려 지금까지 지내 온 자신의 생애 전체, 특히 예수 그리스도를 만나고 난 이후의 삶을 하나의 그림으로 바라볼 수 있어야 한다.

어떤 예술품은 조금 거리를 두고 바라보아야만 그 작품의 진가를 인식하고 그것에 녹아 있는 아름다움을 만끽할 수 있다. 인생 역시 현재 당하고 있는 불행의 각도에서만 바라보지 말자. 모든 것이 합력하여 선을 이루도록 하시는 하나님롬 8:28의 관점에서 본다면, 고난과 불행을 통한 인격의 형성과 심리적 성숙 또한 그토록 아름다울 수 없음을 깨달을 수 있을 것이다.

위기를 기회로 삼으라

현재의 불행한 처지를 새로운 자기 평가의 계기로 삼아야 한다. 마음이 자기 연민에만 사로잡혀 있지 말고 오히려 더 성숙하기 위한 객관적 평가가 마련되도록 해야 한다. 그러기 위해서는 먼저 강점과 약점, 성향과 기질을 좀 더 면밀히 살펴야 한다.

어려운 상황이 닥치면 왜 주로 이런 식으로 반응해 왔고, 어떤 노력을 경주함으로써 바람직하지 않은 반응 패턴을 바꿀 수 있는지 생각해 보아야 한다. 그리고 이것을 통해 현재 나는 무엇을 할 수 있고 또 이 시점에서 무엇을 해야 하는지 결정해야 한다.

자기 평가의 복된 계기는 꼭 여건이 순조롭고 승승장구의 전력을 갖추며 남부러워하는 영광스러운 환경을 통해서만 마련되는 것은 아니다. 감히 말할 수 있는 것은, 오히려 그 반대 경우에 더 귀중한 깨달음을 얻을 수 있다는 것이다.

이 세 항목을 꼭 순서대로 밟을 필요는 없다. 전체적으로 보아 세 가지는 다 필요하지만 무엇부터 하느냐, 또 어떤 항목에 초점을 맞추느냐는 개인의 특성과 사정에 따라 달라질 수 있다.

자만

내가 오늘날 네게 명하는 여호와의 명령과 법도와 규례를 지키지 아니하고 네 하나님 여호와를 잊어버리게 되지 않도록 삼갈지어다. 네가 먹어서 배불리고 아름다운 집을 짓고 거하게 되며 또 네 우양이 번성하며 네 은금이 증식되고 네 소유가 다 풍부하게 될 때에 두렵건대 네 마음이 교만하여 네 하나님 여호와를 잊어버릴까 하노라 …… 또 두렵건대 네가 마음에 이르기를, "내 능과 내 손의 힘으로 내가 이 재물을 얻었다" 할까 하노라. 네 하나님 여호와를 기억하라. 그가 네게 재물 얻을 능을 주셨음이라. 이같이 하심은 네 열조에게 맹세하신 언약을 오늘과 같이 이루려 하심이니라. 네가 만일 네 하나님 여호와를 잊어버리고 다른 신들을 좇아 그들을 섬기며 그들에게 절하면 내가 너희에게 증거하노니 너희가 정녕히 멸망할 것이라 _신 8:11-14, 17-19_.

자만, 스스로 자랑하며 뽐내다

이번 과에서 자만을 문제 삼는다고 하여서, 정당한 형태의 만족이나 보람, 기꺼워하는 마음까지 싸잡아 비판하려는 것은 아니다. 정당한 만족은 심지어 하나님에게서도 발견된다. "하나님이 그 지으신 모든 것을 보시니 보시기에 심히 좋았더라" 창 1:31. 그러므로 정당한 형태의 만족은 하나님께서 원하시고 내려 주시는 즐거움을 말한다.

하나님께서는 우리에게 음식 행 14:17, 재물 전 5:19, 젊음 전 11:9, 장수시 91:16, 자녀시 17:14, 아내와의 삶잠 5:18-19 등을 통해 만족을 허락하신다. 또 마음의 소원을 이루어 주시든지시 103:5 영적 은혜를 베푸시든지롬 15:24 함으로써도 만족감을 누리게 하신다.

그러나 자만은 그렇지 않다. '자만'이라는 표제어는 약간씩 서로 다른 두 가지 단어를 포함한다. 첫째, 스스로 자랑하며 뽐낸다는 뜻으로서 自慢(self-conceit)이 있는데, 이는 자기 자신이나 자기가 하는 일에 대해 지나친 자부심을 갖는 것이다. 둘째, 스스로 거드름을 피우며 만족해하는 自滿(self-satisfaction)이 있다. 나는 이 두 가지 개념을 통합해 자만(self-conceit/self-satisfaction)은 "자신의 우월성을 뽐내며 스스로 흡족해하는 태도"라고 정의를 내리고자 한다.

그런데 재미있는 것은 자만의 모습을 소개하기에 앞서 "두렵건대"라는 표현을 사용한다는 점이다.

> **두렵건대 네 마음이 교만하여** 네 하나님 여호와를 잊어버릴까 하노라_
> 신 8:14

> **또 두렵건대** 네가 마음에 이르기를, "**내 능과 내 손의 힘으로** 내가 이 재물을 얻었다" 할까 하노라_신 8:17

바로 이러한 모습이야말로 "자신의 우월성을 뽐내며 스스로 흡족해하는 태도"가 아니고 무엇이겠는가? 이러한 자만의 전형적 모습을 몇몇 인물에게서 찾아보자.

> 인자야! 너는 두로 왕에게 이르기를, "주 여호와의 말씀에 '**네 마음이 교만**하여 말하기를, "나는 신이라 내가 하나님의 자리 곧 바다 중심에 앉았다" 하도다.' **네 마음이 하나님의 마음 같은 체할지라도** 너는 사람이요 신이 아니어늘 네가 다니엘보다 지혜로워서 은밀한 것을 깨닫지 못할 것이 없다 하고 **네 지혜와 총명**으로 재물을 얻었으며 금, 은을 곳간에 저축하였으며 **네 큰 지혜**와 **장사함**으로 재물을 더하고 그 재물로 인하여 **네 마음이 교만**하였도다_겔 28:2-5.

> 열두 달이 지난 후에 내가 바벨론 궁 지붕에서 거닐새 나 왕이 말하여 가로되, "이 큰 바벨론은 **내가 능력과 권세로** 건설하여 나의 도성을 삼고 이것으로 내 위엄의 영광을 나타낸 것이 아니냐?" 하였더니_단 4:29-30.

> 형제들아! 내가 너희를 위하여 이 일에 나와 아볼로를 가지고 본을 보였으니 이는 너희로 하여금 기록한 말씀 밖에 넘어가지 말라 한 것을 우리에게서 배워 서로 대적하여 **교만한 마음**을 먹지 말게 하려 함이라. 누가 너를 구별하였느뇨? 네게 있는 것 중에 받지 아니한 것이 무엇이뇨? 네

가 받았은즉 어찌하여 받지 아니한 것같이 자랑하느뇨?_고전 4:6-7.

자만의 세 가지 특징

자만은 마음에서 시작된다

자만에는 세 가지 특징이 있다. 첫째, 자만은 근본적으로 마음 자세이다. 자만은 결국 "네 마음이 교만한 것"14절이고, "'내 능과 내 손의 힘으로 내가 이 재물을 얻었다'고 마음에 이르는 [혼잣말을 하는]"17절 일이기 때문이다. 자만은 말이나 표정 행동 등의 외양으로 드러나게 마련이지만, 어쨌든 근본적으로는 마음 자세의 문제라고 할 수 있다.

이 점은 매우 자명한 것이지만 너무 자명해서 놓치기가 쉽다. 자만을 다스리기가 힘든 것도 바로 이 점 때문이다. 만일 자만이 그저 외적 표현의 문제일 뿐이라면 두 가지 면에서 통제가 쉽다. 우선, 사람들은 예의상이나 체면상의 자만하지 않으려고 힘쓸 것이고 그러한 노력은 어느 정도 열매를 맺을 것이다. 마치 '점잖다'는 것이 외적으로 나타나는 문제이기 때문에 사람들이 이렇게 되기 위하여 행동을 스스로 삼감으로써 어느 정도 점잖게 되는 것과 비슷한 이치이다.

또 자만의 경향이 도드라지면 곧 사람들이 알아채고서 권면이

나 충고 혹은 심한 경우 경고할 것이므로, 이 또한 자만의 발전에 쐐기를 박는 효과적 조치로 작용할 수 있을 것이다. 역시 어떤 사람이 점잖아 보이지 않을 때 주위 사람들이 그것을 감지하여 권고나 비판을 가함으로써 그가 다시 점잖아지도록 하는 것과 비슷한 이치이다.

그러나 자만은 근본적으로 마음의 문제이기 때문에 이런 식의 통제가 통하지 않는다. 다시 말해서, 어떤 이에게서 자만의 외양을 발견했다면, 이미 그 질병은 엄청난 '지하 조직'을 가지고 있다고 할 수 있다. 만일 자만이 처음 마음속에 싹을 틔울 때부터 당사자나 주위 사람들이 눈치 챌 수 있다면, 통제하고 조치를 취하기가 훨씬 쉬웠을 것이다.

그러나 앞에서 말했듯이 그렇지 못한 것이 현실이요, 사람들의 모습이다. 그래서 마음에 은밀히 뿌리내리는 자만의 정체를 알지도 못한 채 방치하는 것이다. 또 어떤 때는 심지어 그것을 은근히 즐기는 수도 있다. 그러다가 자만이 외적 양태로 꽃피울 때쯤이면 누구도 다스리기가 힘들어지는 것이다.

자신을 그릇된 시선으로 보게 만든다

자만은 자기의 업적이나 공로에 대해 그릇된 평가를 내리도록 만든다. 자만이 자기 자신의 성취 사항에 대해 그릇된 평가를 한다고 할 때, 여기에서의 '그릇됨'에는 두 가지 의미가 있다.

우선 자만하는 이는 자기 중심적인 판단 및 자기 편의적인 해석을 한다는 점에서 그릇된다. 17절 내용을 보면, 본문에 등장하는 이스라엘 백성은 "내 능과", "내 손의 힘", "내가" 등 '나'를 연발함으로써 처음부터 끝까지 자기 중심적 인식의 틀을 고집한다. 나르시스적인 주관의 늪을 빠져 나오지 못하고 있는 것이다. 다시 말해서, 그에게는 철두철미하게 자기 객관화가 결여되어 있다.

또 자만하는 이는 자신의 업적이나 관록, 능력이나 성취 사항과 관련하여 지나친 평가를 일삼는다. 즉 자기 자신이 이룩한 것들을 실제보다 '불려서' 생각함으로써 다음 권면에 어긋난다. "마땅히 생각할 그 이상의 생각을 품지 말라" 롬 12:3. 불려서 생각했으니 자연스레 부풀려 말하는 잘못을 저지른다. 역시 17절 내용을 보면 그가 "재물을 얻은 것"이 마치 자신의 능력과 노력으로써만 된 것처럼 과대망상적인 착각에 빠져 있다.

물론 재물을 획득함에 있어서 스스로 노력이라는 요인을 부인할 수는 없다. 어떤 면에서 보자면, 이러한 능력과 노력 없이는 재물을 획득할 수 없을지도 모른다. 그러나 문제는 자신의 기여를 과도하게 부풀리는 것이다. 오직 자신이 능력 있고, 많이 노력했기에 재물을 얻었다고 생각하고 떠벌리는 것은 심각한 문제가 아닐 수 없다.

자만한 인물이 나타내는 이러한 과대망상적 편견과 관련하여 최근 사회 심리학자들의 연구 결과(Stephen K. Moroney, *The Noetic Effects of Sin* (Lanham, Maryland: Lexington Books, 2000), pp. 90-93)를 보면 매우 흥미진진한 정보가 많다. 사람들은 자신이 성공 시에 언급하는 원인 항목과 실패 시에 언급하는 원인 항목이 달랐다. 그리하여 어떤 사안과 관련하여 성공을 경험하고 나면 그 원인이 주로 자신의 능력이나 노력에 있다고 생각한다. 이것은 실험에 참여한 모든 이들이 다 같았다.

그런데 반대로 자기가 실패했을 때에는 실패의 원인을 자기 자신의 능력 부족이나 노력의 불충분에서 찾지 않고, 외적 조건에서 찾았다. 운동선수가 우수한 기록을 내지 못한 것은 환경적 요인이 부정적으로 작용해서 그랬고, 학생들의 성적이 나쁜 것은 시험 문제가 어려웠기 때문이며, 목회자가 목회에서 긍정적 결과를 누리지 못하는 것은 주위 여건이 따라 주지 않아서라고 이야기했다.

어디에서 이런 차이가 생기는 것일까? 다시 말해서, 성공이든 실패든 왜 그 원인을 일관성 있게 자기 자신에게서 찾지 못하는 것일까? 이것은 근본적으로 인간이 죄인이고 타락한 본성이 자기 평가의 영역에 있어서도 인식론적 영향을 끼치기 때문이다.

위 책자에서 저자는 인간의 이러한 경향을 "자기 잇속만 챙기는" 귀속 행위("self-serving" attributions)라고 이름 붙였다. 과거 이스라엘 백성이든 20세기 말의 서구인이든 차이가 없는 것은, 바로 이러한 과도한/과대망상적인 자기 평가의 덫에서 벗어나지 못하고 있다는 사실이다.

하나님을 잊어버리게 만든다

자만은 하나님을 잊어버리게 만든다. 본문에는 자만의 모습과 관련하여 "하나님을 잊는다"는 표현이 세 번11, 14, 19절이나 나온다. 이것은 자만이 갖는 가장 치명적인 약점이다. 물론 여기에서 한 가지 이론적 난점, 곧 근원적 인과 관계의 규명이 어렵다는 사실에 봉착한다. 다시 말해서, 하나님을 잊다 보니까 자만에 빠진 것인지, 아니면 자만하다 보니까 하나님을 잊게 된 것인지 인과적 설명의 방향을 어떻게 잡아야 할지 난감하다는 사실이다.

인간의 불행을 그 기원의 면에서 고찰하자면 하나님을 잊은 것이 먼저라고 생각한다. 즉, 하나님을 잊다 보니까 자만에도 빠지게 된 것이라는 말이다. 그러나 그 이후로는 두 가지 사항이 서로에 대해 인과적 영향을 끼쳤다고 본다.

먼저 하나님을 '잊는다'는 말이 과연 무엇을 뜻하는지 의미부터 확실히 살펴보자. 우선, 하나님을 '잊는다'는 말의 온당한 뜻이 아닌 것부터 보자. 하나님을 '잊음'은 소위 다른 일에 정신이 팔려 깜빡하는, 부주의 문제와는 아무 관계가 없다. 라면을 끓이려고 물을 올려놓았다가 깜빡하는 바람에 냄비가 다 타 버린 일은 누구나 있을 것이다. 그런데 하나님을 '잊음'도 이런 식으로 깜빡했다는 말은 아니다. 정신 집중이 필요한 일을 하느라 한순간 하나님의 임재를 기억해 내지 못했다고 해서 그걸 두고 하나님을 잊었다 할 수는 없는 것이다.

또 알츠하이머 병과 같이 뇌세포가 위축되고 손상을 입어 종교적 의식이나 신앙적 기억이 없어져 버리는 것을 뜻하지도 않는다. 위대한 신앙의 용사들 중에도 노년에 이 질병을 겪으면서, "예수가 누구냐?"라는 등 전혀 납득하기 힘든 반응을 나타내는 경우가 있었다. 이것이 매우 안타까운 일이기는 한다만, 이런 일도 본문에 나타난 바 하나님을 '잊음'과는 아무 상관이 없는 현상이다.

그러면 하나님을 '잊는다'는 것은 무슨 의미일까? 하나님 이외의 다른 대상(어떤 경우 '자아'일 수도 있음)을 하나님의 자리에 올려놓음으로써 고의적으로 하나님을 배척한다는 말이다. 따라서 말의 표현으로는 인식론적인 성격이 핵심인 것 같지만 실제로는 비신앙적으로 경도된 의지적 성향이 그 중심을 이루고 있다.

이것은 "하나님께서 우리의 죄를 기억도 안 하신다"고 했을 때, 이 표현을 인식의 기능에 관한 것으로 해석할 수 없는 것과 비슷한 이치이다. 즉, 하나님께서 죄를 기억도 안 하신다는 것은 하나님 편에서의 인식론적 결함을 의미하는 것이 아니라, 하나님께서 온당한 속죄의 방도를 통해 죄를 사해 주시겠다는 강력한 의지의 표명으로 받아들여야 한다는 것이다.

하나님을 잊는다는 것이 근본적으로 의지와 연관된 것임은 다음 말씀을 봐도 어느 정도 짐작할 수 있다. 신명기 8장 11절에서는 "여호와의 명령과 법도와 규례를 지키지" 않는 것을 여호와를 잊는 것과 연계시킨다. 여호와에 대한 불순종은 여호와를 망각하는 일과 연관이 있다.

더 의미심장한 것은 19절 내용이다. "네 하나님 여호와를 잊어버리고 다른 신들을 좇아 그들을 섬기며 그들에게 절하면." 여호와를 잊는 것은 우상 숭배와 긴밀히 연관되어 있다. 18절 역시 간접적으로나마 위의 설명을 뒷받침해 준다. 왜냐하면 "여호와를 기억하는 것"은 "그가 네게 재물 얻을 능을 주셨다고 인정하는 일"로 나타나 있기 때문이다.

이렇듯 자만은 하나님을 잊게 만드는 무서운 독소가 된다. '자만'과 '하나님을 잊음'이 서로 연관되듯 그 반대, '자만하지 않음'과 '하나님을 기억함'도 역시 운명을 함께한다. 다시 말해서 다음 두 가지 진술은 모두 참이다.

(S1) 자만하면 하나님을 잊게 되고, 하나님을 잊으면 자만하게 된다.

(S2) 하나님을 기억하면 자만하지 않게 되고, 자만하지 않으면

하나님을 기억하게 된다.

자만의 퇴치 방법

어떻게 하면 자만을 물리칠 수 있을까? 우리의 심령이 자만의 상태에 빠지지 않으려면 어떤 노력을 해야 할까?

여호와의 명령을 지켜 행하라

첫째, 여호와의 명령, 법도, 규례를 지켜야 한다11절. 여호와 하나님의 율법과 규례를 지키고자 힘쓸 때, 자만은 더 이상 심령에 뿌리를 내리지 못할 것이다. 왜 그럴까? 이 점을 온전히 이해하려면 가장 큰 계명이 무엇인가에 대한 예수님의 답변마 22:37-40을 심도 있게 살펴보아야 한다. 어떤 율법사가 가장 큰 계명이 무엇이냐고 질문을 던졌을 때마 22:36, 예수께서는 하나님 사랑과 이웃 사랑의 계명마 22:37-40을 언급하셨다.

예수께서 이 두 가지 계명을 언급하셨을 때, 그저 이 두 가지가 나머지 611가지 계명보다 더 중요하다는 뜻으로만 말씀하신 것은 아니다. 오히려 율법을 올바로 지키는 것은 하나님 사랑과 이웃 사랑의 정신이 동반될 때에야 비로소 가능하다는 것을 강조하신 것이다. 이 점은 무엇보다도 마태복음 22장 40절 내용, "이 두 계명이 온 율법과 선지자의 강령이니라"에 나타나 있다.

원래 '강령'(綱領)은 어떤 정당이나 단체의 기본 입장이나 방침을 뜻하기도 하고, 또 일의 으뜸이 되는 큰 줄거리를 가리키기도 한다. 그러나 40절은 원래 "온 율법과 선지자(구약 전체)가 이 두 계명에 의존한다"(All the Law and the Prophets hang on these two commandments, NIV)라는 뜻이다. 따라서 하나님 사랑과 이웃 사랑의 정신이 빠지면 구약에 등장하는 600가지 이상의 율법들은 모두 아무런 의미가 없다.

이미 제3강 자기 사랑과 이웃 사랑에서 설명했지만, 이것은 마치 여러 옷가지들이 마구 흩어져 있어 혼란스러울 때 커다란 못 두 개를 벽에 박고 그 옷가지들을 잘 정리해 걸어 두는 것과 비슷하다. 옷들이 두 개의 못에 걸려 있을 때는 질서를 찾지만, 못을 빼 버린다면 옷들이 와르르 쏟아지면서 다시 혼돈의 상태로 돌아갈 것이다. 바로 두 개의 못이 이렇게 질서와 정돈을 부여하는 것처럼 하나님 사랑과 이웃 사랑의 정신 역시 율법의 진정한 의미가 무엇인지 드러내는 역할을 감당한다는 것이다.

따라서 율법과 계명의 어떤 조항을 지킨다고 할 때, 그것은 하나님 사랑과 이웃 사랑의 정신과 동기에서 이루어져야 한다. 그것만이 율법주의나 공로주의에 빠지지 않는 최선책이다. 동시에 이렇게 할 때 자만의 마수로부터도 자유로울 수 있다. 다시 말해서, 하나님을 높이고 경외하고 그를 기쁘시게 하려는 동기로 자기 재능을 발휘하는 한 그는 결코 자만에 빠지지 않는다. 또 이웃을 섬기고 돕고 그의 유익을 구하려는 동기에서 자신의 재능을 발전시키는 한 그는 결코 자만에 빠지지 않을 것이다.

순조로운 때일수록 더욱 경계하라

모든 일이 순조롭고 호황을 누릴 때일수록 조심해야 한다12-14절 상반. 자만심은 저절로 배양되는 것이 아니다. 또 아무도 처음부터 "내가 좀 더 자만해야 할 텐데……"라며 의도적으로 자만을 꿈꾸지도 않는다.

그런데 상당히 많은 경우 일이 술술 잘 풀리고 예상했던 것보다 훨씬 좋은 결과를 얻고, 사람들의 시선과 부러움을 한 몸에 받기 시작하면서, 심령 속에는 자만의 배아 또한 꿈틀거리게 된다.

이스라엘 백성의 경우도 마찬가지이다. 비록 '의'(衣)는 빠져 있지만 의식주의 기본 문제가 잘 해결되고12절, 우양·은금·소유물이 풍부해질13절 때 마음이 자만으로 가득 차게 되기가 쉽다는 것이다. 후에 왕의 생활 태도와 관련하여서 도가 지나치게 많이 소유하지 말아야 할 것신 17:16-17으로 말, 아내, 은금을 이야기하는데, 이런 조치의 근본 이유 역시 자만에 대한 예방신 17:20 참조으로 이해할 수 있다.

또 바벨론 왕 느부갓네살은 자신의 제국을 성공적으로 일구어 내었을 때 "내가 능력과 권세로 건설하여 나의 도성을 삼고 이것으로 내 위엄의 영광을 나타낸 것이 아니냐?" 단 4:30 하며 자만의 극치까지 줄달음질쳤다.

물론 재물, 가옥, 소유물, 안락한 삶 자체가 죄라는 것은 아니다. 또 그러한 목표의 달성을 꾀하는 것이 꼭 악하다고 보는 것도 아니다. 그러나 동시에 이런 것을 향유하다가 종종 자만에 빠질 수 있고, 그러다 하나님을 잊게 될 수도 있다. 따라서 각자 자신의 취약점을 잘 파악하여 환경이 좋고, 모든 일이 순조로울수록 바짝 긴장해야 한다. 이러한 예방적 전략만이 자만의 보금자리를 근원부터 차단하는 특단의 조치가 될 수 있을 것이다.

자신에게 엄격한 잣대를 적용하라

자신의 능력을 사실적으로 평가해야 한다 14절 하반-18절. 자만에 빠지지 않을 수 있는 비결 가운데 하나는, 자신의 장점과 그것이 활용되는 방식을 사실적으로 파악하는 일이다. 이스라엘 백성이 "내 능과 내 손의 힘으로 내가 이 재물을 얻었다" 17절고 함으로써 자신의 능력과 노력이 재물 향유의 충분 조건인 것처럼 말하고 있다. 하지만 이것만큼 사실과 다른 진술도 없다.

물론 그들에게는 능력이 있었고, 노력도 많이 했다. 예를 들어, 그들이 먹어서 배불리려면 12절 음식물의 섭취 활동과 소화력이 있어야 하고, 아름다운 집을 짓고 거하려면 12절 가옥의 설계, 건축술과

건축 자재의 활용 능력이 전제되어야 한다. 또 우양이 번성하게 되려면13절 가축의 사육과 번식에 대한 지식 및 경험이 요구되고, 은금이 증식되려면13절 광석의 채취와 제련 등의 기술이 있어야 한다. 이런 것들은 분명 이스라엘 백성 편에서의 능력과 노력이 있었음을 보여 준다.

그러나 결코 그것이 전부는 아니었다. 그들에게 능력과 노력이 있었지만, 이러한 능력과 노력이 실제로 효능을 발휘할 수 있도록 해 주신 것은 바로 하나님이셨다. 18절은 "그가 네게 재물 얻을 능을 주셨음이라"고 증거하고 있다.

이스라엘 백성이 번영하기까지 그들의 능력과 노력을 빼놓을 수는 없다. 하지만 그런 것들이 효능을 발휘하도록 도운 것은 결국 하나님이셨던 것이다. 하나님께서 그런 능을 부여하시지 않았던들 이스라엘 백성이 가진 능력과 노력은 아무런 필요도 없었을 것이다.

그뿐만이 아니다. 하나님의 도우심은 가나안에 들어간 이후에만 근원적 요인으로 작용하는 것이 아니었다. 14절 하반부터 16절 상반 사이의 내용을 보면 두 가지 사항이 더 나타난다.

첫째, 출애굽을 통한 하나님의 도우심이다. "여호와는 너를 애굽 땅 종 되었던 집에서 이끌어 내시고"14절 하반.

둘째, 광야 40년간의 보호와 공급을 통한 하나님의 도우심이다. 하나님께서는 이스라엘 백성이 위험한 환경을 잘 통과하도록 보호하셨다. "너를 인도하여 그 광대하고 위험한 광야 곧 불뱀과 전갈이 있고 물이 없는 간조한 땅을 지나게 하셨으며" 15절 상반. 또한 물과 만나를 공급하셨다. "또 너를 위하여 물을 굳은 반석에서 내셨으며 네 열조도 알지 못하던 만나를 광야에서 너희에게 먹이셨나니" 15절 하반-16절 상반.

그렇다면 이스라엘 백성이 가나안 땅에 들어가 풍요한 삶을 누릴 수 있게 되는 것은 하나님께서 베푸신 세 가지 도움 덕분이었다. 출애굽을 통한 인도, 광야 40년간의 보호와 공급, 그리고 가나안에 들어간 후 이스라엘 백성의 능력과 노력이 유효하도록 역사하심이다. 만일 이스라엘 백성이 이런 전체적 그림을 그릴 수 있고 이것을 늘 마음에 간직할 수 있다면, 그들은 결코 자만에 빠지지 않을 수 있을 것이다. 이것이 그들의 능력에 대한 사실적 평가이다.

자만은 그리스도인 사이에 그것도 매우 유능하고 역동적인 그리스도인에게서 흔히 발견되는 영적 질병이다. 그것 때문에 종국에 가서는 하나님을 잊어버리게 된다. 그러나 희망은 있다. 여호와의 명령, 법도, 규례를 지키고, 모든 일이 순조롭고 호황을 누릴 때일수록 조심하고, 그리고 자신의 능력을 사실적으로 평가함으로써, 자만을 무력화시키고 퇴치할 수 있다. 그리하여 이스라엘 백성이 저질렀던 영적 실수, 오늘날 신앙 공동체 내에 유능한 지도자들이 자주 빠졌던 영적 질병의 상태로부터 놓임을 받을 수 있다.

제11장 | Self-absorption

자기 도취

또 비유로 저희에게 일러 가라사대, "한 부자가 그 밭에 소출이 풍성하매 심중에 생각하여 가로되, '내가 곡식 쌓아 둘 곳이 없으니 어찌 할꼬?' 하고 또 가로되, '내가 이렇게 하리라. 내 곳간을 헐고 더 크게 짓고 내 모든 곡식과 물건을 거기 쌓아 두리라. 또 내가 내 영혼에게 이르되, "영혼아! 여러 해 쓸 물건을 많이 쌓아 두었으니 평안히 쉬고 먹고 마시고 즐거워하자" 하리라' 하되 하나님은 이르시되, '어리석은 자여! 오늘 밤에 네 영혼을 도로 찾으리니 그러면 네 예비한 것이 뉘 것이 되겠느냐?' 하셨으니 자기를 위하여 재물을 쌓아 두고 하나님께 대하여 부요치 못한 자가 이와 같으니라"_녹 12:16-21.

자기 몰입과 나르시시즘

'자기 도취'하면 두 가지 관념이 떠오른다. 하나는 '자기 몰입'(preoccupation)인데, 이는 자신의 감정 상태, 관심사, 혹은 어떤 상황에 스스로 깊이 몰두하는 것을 의미한다. 자기 도취를 자기 몰입으로 이해하면 어느 정도 긍정적 의미가 있다.

그러나 동시에 자기 도취는 '나르시시즘'(narcissism)과 같은 단어를 연상시키기도 한다. 이것은 자기 자신이나 자신의 용모 같은 것에 매력을 느끼고 빠져듦으로써 향유하는 자기 집착적 만족 상태를 가리킨다.

나르시시즘이라는 단어와 개념은 이미 알다시피 희랍 신화에 나오는 나르키소스(Narcissus)로부터 연유되었다. 뛰어난 용모의 소유자인 나르키소스는 강의 신 케페소스(Cephesus)와 요정 리리오페(Liriope)의 소생이었다. 그에게는 에코(Echo)를 비롯해 많은 구애자들이 있었지만 그는 이들에 대해 철저히 무관심했고, 이것이 그들의 원성을 사는 계기가 되었다.

원망에 찬 구애자들이 하늘에 복수를 요청했고, 이에 대한 응답으로 어느 날 나르키소스는 물에 비친 자기 자신의 모습을 보고 사랑에 빠지는 신세가 되었다. 그는 세상을 등진 채 수면에 반영된 자신의 영상에만 집착했고, 점차 수척해지다가 결국에는 죽음을 맞고야 만다. 그런데 그가 죽은 자리에서 한 송이 꽃이 피어났는데 그것이 바로 수선화(narcissus)라는 이야기이다.

심리학자들은 나르시시즘이라는 단어를 채택하여 병적 자기애의 증상을 묘사하는 데 활용했다. 그리하여 어린아이로서 성적 발전 단계를 겪는 중에 자신의 육체적·정신적 특성에 대해 성적 만족을 느끼는 현상이라고 설명했다. 후대에는 그 의미가 확대되어 허영, 자기 과시, 거만 등 자기중심적이고 지극히 개인주의적인 태도를 지칭하는 것으로 통용되고 있다.

그러나 내가 염두에 둔 자기 도취는 '자기 몰입'도 '나르시시즘'도 아니다. 내가 정의하는 자기 도취는 "자신의 조건, 재능, 은사, 업적, 활동, 사역 등에 스스로 취하여 내향적으로 빠져 드는 모습"이다.

자기 도취를 이런 의미로 파악할 경우 아마도 자기 숭배(self-worship) 혹은 자기 사모(self-adoration)의 개념과 긴밀히 연관되어 있다고 할 수 있다. 물론 기독교적 가치관에 비추어 볼 때 자기 도취는 바람직하지 않은 것이다.

자기 도취에 이르는 과정

예수님의 비유 가운데 등장하는 부자의 내적 대화는 자기 도취의 실상을 이해하는 데 도움이 된다. 특히 인간의 자기 도취가 어떻게 형성되는지 그 단계적 발전을 고찰할 수 있다는 점에서 의의가 크다. 본문의 부자가 자기 도취에 탐닉하는 과정은 세 단계로 묘사할 수 있다.

외적인 성공에 혹하지 말라

외적 성취의 단계로, 어느 한 개인이 어떤 조건이나 여건, 활동, 업적 등에서 만족스럽게 성취하는 것을 의미한다. 실상 자기 도취라는 심리 현상을 가능케 하는 객관적 토대는 이 단계에서 마련된다. 이러한 외적 성취가 없다면 자기 도취도 존재하지 않을 것이다.

본문에 나오는 부자의 경우 그의 외적 성취는 자신의 소출 곧 농작물의 생산과 관계있다. "한 부자가 그 밭에 소출이 풍성하매" 16절라는 묘사가 보여 주듯 '풍성한 소출'이 그의 외적 성취 내용을 구성하고 있다. 그는 풍성한 소출이 있기 전부터 이미 부자였지만, 그해에 밭으로부터의 소출이 풍성함으로써 또 하나의 외적 성취를 누릴 수 있었다.

이처럼 외적 성취란 부자에게 누가복음 12장 16-20절 말씀에 나오는 부자에게는 작물을 풍성하게 거두어들이는 것이었다. 만일 사업을 하는 사람이 있다면, 그에게는 매출 실적 증대, 단골 고객 확보, 거래처 개척 등이 외적 성취가 될 것이다. 연구원에게는 실험의 성공이, 학생에게는 성적 향상이, 시나리오 작가의 경우에는 작품 의뢰가 쇄도하는 것이 외적 성취에 해당이 된다.

자신만 아는 속생각을 경계하라

내면적 지향의 단계로, 의식의 초점이 내면으로 향하는 작용을 의미한다. 지금까지는 개인의 지각이 외적이고 객관적인 조건이나 활동, 업적 등에 쏠려 있었다면, 이번 단계에서는 지각 활동이 그러한 성취를 이룩한 공로자의 내면으로 옮겨 간다. 이제 막 자아의 문을 열고 한 걸음 들여놓은 셈이라고나 할까?

바로 이러한 전이 단계가 부자의 심령에서 발견된다. 그는 심중으로 어떤 생각을 한다17절. 여기에서 '심중에'라는 말은 문자적으로 하자면 '자기 안에서'이다. 또 '생각하다'는 '숙고하다', '곰곰이 생각하다'의 뜻을 갖고 있다. 그렇다면 그는 속으로 이런 저런 것들을 궁리하고 있다는 말이다.

인간 의식의 이러한 내면적 지향 작용은 자기도 모르는 가운데 늘상 이루어진다. 점심 식사 후 커피를 한 잔 들면서 회전 의자에 앉아 오전 중에 있던 실무자 회의를 떠올린다든지, 다음 달에 있을 시상식 단상에서 답사를 하는 자신을 상상한다든지 하는 것이 그런 예이다. 그러나 물론 자기 도취와 연관된 내면적 지향 단계의 경우에는 그 마음의 장면이 좀 더 자아 자체에 집중되어 있다는 점에서 차이가 있다.

스스로를 높이 치켜세우지 말라

끝으로 자축적 몰입의 단계이다. 이 단계에서는 본격적인 자기 몰입과 더불어 자아 중심적 정신 활동이 극치에 이른다. 자아의 내면에 향연이 베풀어지고 자아는 축하객 -- 그 또한 자아인데 -- 의 찬탄을 들으며 흐뭇해한다.

부자의 모습이 바로 이렇다. 그는 우선 자기 자신이 당면한 문제에 대해 난감함을 표현한다. "내가 곡식 쌓아 둘 곳이 없으니 어찌할꼬?"17절 그리고 곧이어 답변이 주어진다. 놀랍게도 자신의 문제에 대한 조언가는 바로 자기 자신이다. "내가 이렇게 하리라. 내 곳간을 헐고 더 크게 짓고 내 모든 곡식과 물건을 거기 쌓아 두리라" 18절.

그리고 문제가 해결되자 자아는 자아를 향하여 "내가 내 영혼에게 이르되" 19절 자기 축하의 초청장을 띄운다. 이 모습을 보노라면 경영가들끼리의 전략 회의가 떠오른다. 문제점으로부터 출발하여 17절, 해결책을 제공하고 18절, 모든 것이 끝난 뒤 자축하는 듯한 19절 모습이다.

누구나 이러한 자기 내면의 대화를 한다. 싫든 좋든, 의식하든 의식하지 않든 끊임없이 내면적 접근을 시도해 자아에게 말을 건다. 어떤 때는 신세 타령을 하는가 하면, 조언을 구하기도 하고, 또 어떤 때는 의구심을 표하기도 한다.

오늘의 부자는 문제 제기와 해결책 모색 후 자축연을 벌이고 있다. 흔히 등장하는 세상적 이미지를 도입하자면, 모두들 축하의 잔을 높이 든 채 "나의 대단함이여! 이 모든 영광을 누리라!" "내가 사모하는 자아여! 영영히 존귀를 받게나!" 하고 자아를 향해 건배를 외치는 모습이다.

요컨대 자기 도취에 이르는 과정은 다음과 같이 세 단계로 이루어져 있다.

외적 성취	➡	내면적 지향	➡	자축적 몰입
제1단계		제2단계		제3단계

자기 도취의 문제점

자기 도취는 왜 문제가 될까? 그리스도인의 신앙적 가치를 표준으로 할 때, 자기 도취는 어떤 점에서 어긋나는 것일까? 이에 대해 온당한 답변을 하기 위해서는, 먼저 내성과 외성에 대한 배경적 설명이 필요하다.

내성과 외성의 조화가 깨진다

인간에게 양면성이 있다는 것은 지극히 당연한 사실이요, 인간을 하급 동물로부터 차별화시키는 고유의 특성이다. 이렇게 양면성을 만들어 내는 것이 바로 내성과 외성이다. 단, 여기서 말하는 양면성은, 비윤리적 특성 가운데 하나로 알려진 이중성이나 표리부동성을 뜻하는 것은 아니다.

내가 말하는 양면성은 우리의 인식 가능성 여부에 비쳐 본 인간 활동의 두 가지 측면을 이야기하는 것이다. 이러한 구별법에 의거하자면, '내성'은 자기 자신만이 알고 겉으로는 드러나지 않는 활동을 말한다. 예를 들자면, 인간 내면의 생각이나 동기, 반성, 동경,

욕구, 의향 등과 같은 정신 작용들이다. 이에 반해 '외성'이란 제3자가 관찰하고 공적으로 확증할 수 있는 활동에 대한 것으로, 개인의 표정, 행위, 외모, 의상, 말투, 신체적 기능, 의사 전달 방식 등이 그 예이다.

따라서 모든 인간에게는 이렇게 내성과 외성이 존재한다. 중요한 것은 이 둘 사이의 균형과 조화이다. 만일 어떤 한 개인이 어느 한 측면만 발달하고 다른 측면이 무시되든지 간과되면, 그에게서 정상적이고 성숙한 인간상을 찾기란 힘들다. 예를 들어, 어떤 이가 외성은 배척하고 내성에만 집착한다면, 그는 오래지 않아 내향적이고 자폐적인 존재가 되어 평범한 인간 관계조차 회피하는 등 반사회적 경향을 띨 것이다.

반대로 그가 내성이 결여된 채 외성에만 몰두한다면, 자기 과시적이고 피상적인 인물이 되어 진정한 의미에서의 자신감을 잃고 홀로 서기를 두려워하며 결국에는 타의존적인 경향의 희생물이 되고 말 것이다. 어느 쪽으로 치우치든 미숙한 인간형이요 바람직한 인간상은 아니다.

인간의 내성이 흔히 활성화되는 예로서 아무런 제한 없이 이미지를 떠올리는 공상이나 몽상(fantasy) 활동과, 좀 더 절제된 한도 내에서 창작의 기능과 연관이 되는 상상(imagination)을 들 수 있다. 이러한 정신 활동이 활발히 이어질 때 인간의 내성은 풍성해지게 마련이다. 본문에 등장하는 부자의 모습도 이렇게 내성이 활성화된 대표적 예라고 할 수 있다.

문제는 이제부터다. 부자가 시도한 내성 활동을 기능 면에서 파악한다면 아무 문제가 없다. 오히려 귀감이 된다고까지 말할 수 있다. 정작 문제가 되는 것은 이러한 내성 활동의 내용이다. 즉 그의 내면적 정신 활동은 철두철미하게 자기 도취로 점철되어 있었기 때문이다.

내면의 옥좌에 '나'가 앉아 있다

인간의 내성 활동이 이루어지는 실상을 생생히 묘사하기 위해, '방'을 예로 들어 보자. 모든 인간에게는 '내면의 방'이 하나씩 있다. 이 방이 어떤 경우에는 '자의식적 공간'으로, 또 어떤 때에는, 좀 더 기독교적 표상에 의존할 경우 '마음의 지성소'로 불린다.

이 방의 중심에는 커다란 옥좌가 놓여 있다. 그리고 '나'라는 존재는 이 옥좌 위의 존재와 여러 가지 상호 교류를 시도한다. 어떤 때는 일방적 찬양이나 축하일 수도 있고, 다른 경우에는 질의 응답이나 대화일 수도 있다.

현재 나는 자기 도취의 핵심적 잘못이 무엇인가를 규명하기 위해 안간힘을 쓰고 있다. 그러나 현재까지로는 이렇다 할 문제점이 발견되지 않았다. 첫째, 인간이 사적인 내면의 세계를 가지고 있다는 것은 전혀 문제가 되지 못한다. 오히려 이런 일은 인간이 하나님을 닮은 인격적·영적 존재이기 때문에 얼마든지 가능하다. 그리하여 정상적이고 성숙한 인간이라면 누구나 이러한 내면의 방을 모두 하나씩 갖고 있다.

둘째, 이미 강조했듯이 내성에 연관되는 인간의 정신 활동 또한 문제 될 것이 없다. 이 역시 오히려 우리가 하나님의 모습을 닮은 인간이기에 벌일 수 있는 내용이기 때문이다.

그렇다면 무엇이 문제일까? 그것은 내 내면의 방, 마음의 지성소에 놓인 옥좌 위에 과연 누가 좌정하고 있느냐? 하는 것이다. 이에 따라 자기 도취의 병적 증상이 나타날 수도 있고 그렇지 않을 수도 있다. 성경의 가르침에 의하면 그 옥좌 위에 그리스도께서 좌정해 계셔야 한다.

왜냐하면 그분은 문자 그대로 주이시기 때문이다. 그는 창조와 구속에 있어서 주이시고골 1:15-20, 우리의 종교적 영역골 3:12-17과 일상적 영역골 3:22-24에 있어서 주인이시며, 나의 안팎 곧 나의 내성과 외성에 있어서 주인이시다. 그런데 예수님의 비유에 등장한 부자의 경우, 옥좌에 좌정한 분은 그리스도가 아니라 바로 자기 자신이다. 17절부터 19절까지 3절 사이에 '나' 및 '내' 라는 표현이 여섯 번이나 등장한다.

또 19절에 있는 '영혼'은 프쉬케(ψυχή)인데, 이 단어는 목숨이나 자아를 뜻한다. 그렇다면 '내 영혼'은 결국 '내 자신'(myself)을 뜻하는 말이다. 이처럼 부자에게 있는 내면의 방을 보면 어디를 둘러보아도 온통 '자아' 뿐이다. 그리고 무엇보다 중요한 사실은, 옥좌 위에도 '자아'가 떡 버티고 앉아 있다는 사실이다. 이것이 부자의 내면적 정신 활동을 더럽고 추한 것으로 만든 근본적 문제점, 곧 '자기 도취'의 진면목이다.

세상이 온통 자기로만 보인다

우리 자신의 내면 생활을 잘 들여다보면 우리 또한 부자와 대동소이하다. 내 내면의 방은 그 벽과 천장과 바닥이 온통 자아로 도배되어 있다. 옥좌 또한 예외가 아니다. 거기에도 역시 자아가 왕으로 군림하고 있다.

약 10년 전쯤인가 〈존 말코비치 되기〉라는 특이한 영화가 상영된 적이 있다. 영화 주인공인 존 말코비치는 남의 뇌 속으로 들어가 그 사람의 생각이나 내면 세계를 파악하는 독특한 경험을 하게 된다. 그러다가 한 번은 자기가 자기 자신의 뇌 속으로 들어간다. 그 뇌 속에 들어가 존 말코비치의 시각에서 세상을 보니, 보이는 모든 인물은 하나같이 바로 말코비치 자신의 얼굴을 하고 있고, 그들의 모든 발설 내용은 그저 '말코비치'라는 말밖에 없음을 발견한다.

바로 그것이다. 누가복음 12장의 부자나 〈존 말코비치 되기〉

의 주인공에게서 얻을 수 있는 동일한 교훈은, 타락한 인간은 결국 늘 자기 도취의 게임을 벗어나지 못한다는 사실이다. 부자의 모습에서건 자신의 뇌 속에 들어간 존 말코비치를 통해서건 우리가 늘상 발견하는 것은 바로 우리 자신의 자기에게 집착하는 모습이다.

언젠가 자기 도취의 추한 면모가 바로 나 자신 속 깊숙이 자리 잡고 있음을 처음으로 깨닫고, 수치심과 죄의식으로 범벅이 되었던 때를 기억한다. 나 자신이 뭔가를 이루었다 싶을 때, 그런 외적 업적이 내면적 지향 작용에 연결이 되고 곧장 내면의 방에서 축하 잔치가 벌어지는 것이었다. 그 방에서 눈에 띠는 것은 오직 송인규밖에 없었다. 옥좌 위에도 송인규가 앉아 있었다. 거기 그 은밀한 마음의 지성소에서 나는 나의 명성, 나의 업적, 나의 글 쓰는 재주, 나의 작가적 역량, 나의 책 판매 부수 등을 떠올리며, 참으로 치사하고 더러운 속물의 모습을 연출하고 있었던 것이다!

더욱 놀라운 것은 이런 치부가 다 드러났는데도 여전히 그 마음의 옥좌를 포기하기 싫어서 아등바등대는 나의 부끄러운 모습이었다. "주님, 모든 것을 다 내드리겠지만 여기만은 이곳만은 내게 넘겨 주세요!" "이 즐거움만은 내 꺼라니까요. 제발 날 좀 내버려 두세요! 여기서만은 내가 왕노릇하고 싶단 말이예요!" 하면서 고집을 피우고 떼를 쓰는 것이었다. 그때 비로소 나는 내가 바로 자기 도취에 빠진 그 부자였으며, 나의 가장 큰 문제점이 무엇인지 몸서

리치도록 고통스럽게 깨달았다.

자기 도취의 예방 및 치유

그러한 각성의 경험이 있고 난 후에도 여전히 때때로 자기 도취의 족쇄로부터 자유롭지 못한 순간이 있다. 그때마다 어떻게 하면 이러한 자기중심적 질병을 퇴치할 수 있을까 고민해 보았다. 그러면서 모든 질병이 그렇듯 자기 도취 역시 평소의 예방이 매우 중요하다는 것을 깨달았다.

어떻게 해야 자기 도취라는 영적 질병을 미연에 방지할 수 있을까?

가장 귀하게 여기는 것들을 솔직히 인정하라

첫째, 내가 은밀한 가운데 가장 귀하게 여기는 것들이 무엇인지 하나님께 솔직히 드러내야 한다. 물론 쉬운 일은 아니다. 많은 그리스도인들이 아직도 자기 자신이 무엇을 가장 귀하게 여기는지 정확히 집어내지 못한다. 혹 파악은 하고 있다고 해도 그것을 인정(및 포기)하려 들지 않는다.

내가 무엇을 가장 귀하게 여기는지 잘 모른다면 그것을 파악하는 방식은 비교적 간단한다. 내가 나에 관한 어떤 이야기를 들었을 때, 또 내게 어떤 일이 생겼을 때 가장 즐거워하고 신이 나고 흥겨

워지는지 관찰해 보라.

반대로 내가 나에 관한 어떤 이야기를 들었을 때, 또 내게 어떤 일이 생겼을 때 가장 힘들어하고 풀이 죽고 만사가 버겁게 느껴지는지 알아보라. 결국 같은 항목을 매우 귀하게 여기기 때문에 이것이 주어지면 말할 수 없이 기쁘고, 이것이 결여되면 견디기 힘들 정도로 괴로워하는 것이다.

내 자신이 무엇을 가장 귀하게 여기고 있는지 파악이 되고 나면, 수시로 이 항목 및 이에 연관된 자신의 심리 상태를 하나님 앞에 노출시키는 것이 필요하다. 여기서는 하나님의 말씀이 매우 중요한 역할을 수행할 수 있다.

> 하나님의 말씀은 살았고 운동력이 있어 좌우에 날선 어떤 검보다도 예리하여 혼과 영과 및 관절과 골수를 찔러 쪼개기까지 하며 또 **마음의 생각과 뜻을 감찰하나니** 지으신 것이 하나라도 그 앞에 나타나지 않음이 없고 오직 **만물이 우리를 상관하시는** 자의 눈앞에 벌거벗은 것 같이 **드러나느니라** _히 4:12-13.

하나님의 말씀은 성령의 검엡 6:17으로서 침투력과 절단력이 매우 뛰어나다. 심지어 마음에 숨어 있는 은밀한 동기와 내면 깊숙한 곳의 형편까지도 파헤칠 수 있다. 그 이유는 그것이 하나님의 말씀이기 때문이다.

우리는 늘 하나님과 그 말씀 앞에 일대일로 서야 한다. 그리하여 우리 내면에 존재하는 은밀한 심리 상태까지 점검, 수술, 치유를 받아야 한다. 평소 늘 하나님 앞에 이렇게 선다면, 자기 도취는 결코 우리의 심령 가운데 뿌리내리지 못할 것이다. 혹시 뿌리를 내렸다 해도 지속적인 치유 작용으로 인해 서서히 힘을 잃고 말 것이다.

마음의 옥좌를 주께 내드리라

우리 내면의 방이며 마음의 지성소에 항시 주님을 모시고 있어야 한다. 사실 원리상으로는 이미 우리의 심령에 주께서 찾아와 거처를 삼고 계신 것이다.

> 내가 그리스도와 함께 십자가에 못 박혔나니 그런즉 이제는 내가 산 것 아니요 오직 **내 안에 그리스도께서 사신 것**이라_갈 2:20 상반절.

> 이 비밀은 **너희 안에 계신 그리스도**시니 곧 영광의 소망이니라_골 1:27 하반절.

그러나 우리는 주님이 우리 각자 안에 찾아오셔서 사신다는 것을 믿음으로써 주님이 내주하신다는 확신을 더욱 공고히 해야 한다.

믿음으로 말미암아 그리스도께서 너희 마음에 계시게 하옵시고 너희가 사랑 가운데서 뿌리가 박히고 터가 굳어져서_엡 3:17.

이미 그리스도인이 된 라오디게아 교인들을 향해서도 회개하고 다시금 주님을 마음에 모셔 들이라고 권면하는 내용이 있다. 이처럼 주님의 내주에 대한 주관적 확신은 신앙 생활에서 매우 중요하다.

무릇 내가 사랑하는 자를 책망하여 징계하노니 그러므로 네가 열심을 내라. **회개하라.** 볼지어다! 내가 문 밖에 서서 두드리노니 **누구든지 내 음성을 듣고 문을 열면 내가 그에게로 들어가** 그로 더불어 먹고 그는 나로 더불어 먹으리라_계 3:19-20.

이렇게 지속적으로 우리 내면의 방, 마음의 지성소에 주님을 모시고 있어야 한다. 만일 우리에게 이러한 영적 훈련이 지속되고 있다면, 자기 도취 같은 치졸한 현상은 결코 우리 심령에 한 걸음도 들여놓지 못할 것이다. 또 혹시 어쩌다가 자기 도취의 덫에 걸린다 할지라도, 믿음과 회개를 통해 조금씩이나마 해방을 맛볼 수 있을 것이다.

주님을 나의 왕으로 모셔라

내 마음의 옥좌 위에 늘 주님을 왕으로 높이고 받들어 모셔야 한다. 자기 도취의 치명적인 독아(毒牙)로부터 안전하려면, 주님을 마음 속 옥좌 위에 참 왕이요 참 주인으로서 좌정하시도록 해야 한다.

그런데 그를 참 왕이시요 주인으로 받들어 모신다는 것은, 반대로 우리 자신은 철두철미하게 주님의 종임을 인정해야 한다는 뜻이 된다. 만일 우리가 그리스도를 주님이라 부르면서 실제로는 자신이 주인인 것처럼 행세한다면, 이는 거짓 신앙이요 모순된 행위일 것이다.

예수 그리스도께서 주인이시고 우리가 종이라면 외적 성취의 단계와 내면적 지향의 단계까지는 얼마든지 수용할 수 있겠지만, 그 다음 단계인 자축적 몰입만큼은 절대로 허락할 수가 없을 것이다. 어떻게 자아를 옥좌의 중심에 앉히고 축하하면서 동시에 예수 그리스도를 주인이라고 인정할 수 있겠는가? 이것은 심리적으로나 이론적으로나 불합리하고 불가능한 일이다.

따라서 외적 성취를 이룬 뒤 의식의 초점이 내면으로 옮겨 간다 하더라도 오히려 마음 자세를 다음과 같이 가다듬어야 한다.

여호와여! 영광을 우리에게 돌리지 마옵소서! 우리에게 돌리지 마옵소

서! 오직 주의 인자하심과 진실하심을 인하여 **주의 이름에 돌리소서**﹗

시 115:1

이십사 장로들이 보좌에 앉으신 이 앞에 엎드려 세세토록 사시는 이에게 경배하고 자기의 면류관을 보좌 앞에 던지며 가로되 "**우리 주 하나님이여! 영광과 존귀와 능력을 받으시는 것이 합당하오니** 주께서 만물을 지으신지라. 만물이 주의 뜻대로 있었고 또 지으심을 받았나이다" 하더라_계 4:10-11.

면류관은 원래 하나님께서 어떤 이의 공로를 인정해 씌워 주시는 영광과 명예의 상징이다. 그런데 이십사 장로들은 자기들이 얻은 그런 영광을 이제 다시 하나님께 되돌려 보냄과 동시에 보좌에 앉으신 하나님께만 영광을 돌린다.

우리 내면에서도 이와 같은 일이 일어나야 한다. 우리 마음의 옥좌 위에 그리스도께서 좌정해 계시도록 하고, 우리가 이룬 외적 업적의 공로를 오히려 그리스도께 돌려야 한다. 이렇게 될 때 우리의 내면은 자기 도취의 아수라장으로부터 주님을 높이고 경배하는 아름다운 지성소로 탈바꿈하게 될 것이다.

제12장 | Self-deception

자기 기만

네가 말하기를, "나는 부자라. 부요하여 부족한 것이 없다" 하나 네 곤고한 것과 가련한 것과 가난한 것과 눈 먼 것과 벌거벗은 것을 알지 못하도다. 내가 너를 권하노니 내게서 불로 연단한 금을 사서 부요하게 하고 흰 옷을 사서 벌거벗은 수치를 보이지 않게 하고 안약을 사서 눈에 발라 보게 하라_계 3:17-18.

스스로를 속이다

'자기 기만'은 스스로 자기를 속이는 일이다. 그런데 이러한 설명을 보면 '자기 기만'이라는 것은 두 가지 면에서 역설적 특징을 가지고 있다.

첫째, 존재론적인 면에서의 역설이다. 자기 기만에 있어서는 속이는 주체와 속는 대상이 하나이다. 즉 자아가 속이는 역할도 하고 동시에 속는 역할도 한다. 보통은 두 존재가 있어서 그 사이에서 속이고 속는 법이지만, 자기 기만의 경우는 그렇지 않다.

둘째, 인식론적인 면에서도 역설이 개재되어 있다. 자기 기만의 당사자는 자신에 관한 어떤 사항과 관련하여 자신이 믿는 바가 진실(사실)이 아님, 참되지 않음을 잘 알고 있다. 그러나 동시에 그는 바로 그 내용이 진실(사실)이라고, 참되다고 믿어야 한다.

어떻게 한 인식의 주체자가 자신에 관한 어떤 사항을 믿기도 하고 동시에 믿지 않을 수도 있는지 인식 작용의 면에서 보더라도 역설적이라는 것이다. 그런데도 자기 기만은 실제로 일어나고 있고, 또 아주 희귀한 현상도 아니라는 점이 놀랍기만 하다.

살아 남기 위해 속이다

자기가 자기를 속이는 일, 즉 자기 기만도 두 종류로 나눌 수 있다. 첫째, 살아 남기 전략으로서의 자기 기만이다. 이미 프로이트의 이론에 의해 어느 정도 실상이 드러났지만, 인간에게는 각종 방어 기제들이 존재한다는 것이다. 사람이 살아가면서 어려운 주위 환경을 만나 스트레스를 받으면, 자기가 겪는 불안 상태로부터 벗어나려고 자기도 모르는 사이에 무의식적인 심리 활동을 전개한다는 것이다.

그리하여 자신이 처한 위험 상황의 객관적 조건은 변경시키지 못하고 그러한 조건에 대한 자신의 지각이나 사고 방식을 바꾸려고 든다. 다시 말하자면 사물과 현상을 인식하는 자신의 주관적 인지 기능이 어쩔 수 없는 현실을 수용하게끔 조정된다는 뜻이다. 그런 의미에서 억압, 합리화, 반동 형성, 투사, 이지화(理智化), 부인, 전위(轉位) 등의 인간의 모든 방어 기제에는 어느 정도 자기 기만의 요소가 담겨 있다.

자신을 자기 이상으로 생각하다

다른 한 종류의 자기 기만은 바로 우상화 작업으로서의 자기 기만이다. 성경적 시각에서 본다면, 이것은 한 인간이 자만의 태도를 상습적으로 강화시킴으로써 자신을 자기 이상의 어떤 존재로 거짓 되이 자기 심령에 각인시키는 일이다.

그리스도인들은 자신의 은사와 조건들이 각광을 받고 남의 부러움과 칭송의 대상이 될 때 이런 식의 심리 상태에 빠지기 쉽다. 이들은 자기가 누리는 조건들이 곧 자아 가치의 전부인 양 착각한다. 뿐만 아니라 또 그러한 조건들이 어디까지나 하나님의 선물임을 망각한 채 자기 고유의 생득적 산물인 것으로 간주하는 경향이 있다.

이러한 자기 기만은 자신을 그 이상의 존재와 연계시키는 상향적 동일시 작용(upward identification)임과 동시에 자아 숭배의 최종 목표를 달성시키기 위한 준비 단계라고 할 수 있다. 성경에는 이러한 자기 기만의 실례와 이에 대한 경고가 함께 등장한다.

네가 네 악을 의지하고 스스로 이르기를, "나를 보는 자가 없다" 하나니 **네 지혜와 네 지식이 너를 유혹하였음이니라**. 네 마음에 이르기를 **"나뿐이라. 나 외에 다른 이가 없다"** 하였으므로_사 47:10.

여호와께서 가라사대, "내가 너를 열방 중에 작게 하였고 사람들 중에 멸시를 받게 하였느니라. 바위 틈에 거하며 산꼭대기를 점령한 자여! **스스로 두려운 자인 줄로 여김과 네 마음의 교만이 너를 속였도다**. 네가 독수리같이 보금자리를 높이 지었을지라도 내가 거기서 너를 끌어내리리라." 여호와의 말이니라_렘 49:15-16.

만일 누가 아무것도 되지 못하고 된 줄로 생각하면 스스로 속임이라_갈 6:3.

너희는 도를 행하는 자가 되고 듣기만 하여 **자신을 속이는 자가** 되지 말라_약 1:22.

위 두 종류의 자기 기만 가운데 두 번째 부류의 자기 기만을 집중적으로 살펴보고자 한다.

자기 기만을 속속들이 들여다보다

아무리 좋은 조건이더라도

본문의 권면을 받은 대상은 라오디게아 교회였다14절. 라오디게아는 로마 행정 구역인 브리기아(Phrygia) 주의 매우 부요한 도시였다. 이들이 스스로 "우리는 부자라"라고 한 것은 바로 이런 까닭이었다. 그런데 이 도시가 이처럼 부요한 데는 세 가지 요인이 있었다.

첫째, 라오디게아는 세 개의 간선 도로가 만나는 접합점에 위치해 있었다. 소아시아를 가로지르는 길이 라오디게아를 통과하여 서쪽으로 밀레도와 에베소까지 이르렀고, 라오디게아를 지나 쉽사리 동편의 중앙 고원 지대로 나아갈 수가 있었으며, 또 북쪽 버가모에서 내려오는 길이 라오디게아를 기점으로 하여 남쪽의 앗달리아 해안까지 이어졌다.

둘째, 라오디게아는 부와 재력의 관점에서 볼 때 위상이 매우 높은 중심 거점이었다. 교통의 요충지가 상업과 무역의 번성을 이룬다는 것은 누구나 다 아는 이치이다. 로마의 치세하에서 라오디게아는 엄청나게 번영하는 상업의 중심지가 되었다. AD 60년경에 지진이 발생하여 큰 재난을 당했는데도 네로 황제의 원조를 마다하면서 자신들만의 힘으로 도시를 재건했다. 이 도시가 누리던 부의 수준이 어떠했는지 가히 짐작할 수 있을 것이다.

셋째, 라오디게아는 여러 가지 업종이 골고루 발달한 고도의 산업 도시였다. 우선, 금융업이 상당히 발전했다. 교통 요충지이기 때문에 여행, 무역, 상업이 활발했고, 이를 기반으로 금융업이 번성했다. 모직업 또한 크게 발달했다고 하는데, 광택성 흑모로 짠 의복이 대표적 특산품이었다고 한다.

그뿐 아니라 라오디게아는 의료 산업에 있어서도 유명했다. 의술 연마를 위한 학교가 있었고, 고대에 유명한 브리기아 안약을 개발하여 눈에 생기는 염증을 치료하는 데 사용했다고 한다.

이토록 교통의 요충지요, 부와 재력의 중심지이며, 산업의 진원지로 명성을 날리고 있었기 때문에, 그들은 스스로 부자라고 생각했던 것이다.

뿐만 아니라 라오디게아 교회는 "부요하여 부족한 것이 없다"라고 속으로 뽐내고 있다. 당시 도시들은 정치·경제·사회적 측면에서 볼 때 실상 하나의 단위 국가로서 독자적 체제를 유지하고 있었다. 하나의 도시가 마치 하나의 국가처럼 독립적인 면모를 유지하고 있어 이때 도시국가라는 명칭이 생겨났다. 다른 모든 도시 국가들이 그랬는데, 하물며 교통, 재력, 산업 면에서 탁월했던 라오디게아는 오죽했겠는가? 그래서 그들은 "나는 부요하니 부족함이 없다"고 자기 충족의 거드름을 피웠던 것이다.

왜 스스로를 속이는 걸까?

왜 인간은 자기 기만에 빠지는 것일까? 무엇 때문에 속이 빤히

들여다보이는 하나의 인식적 주체 안에서 속이고 젠체하고 농간을 부리는 것일까? 물론 성경에는 이에 대한 답변이 분명하게 나타나 있지 않다. 그러나 오늘날 우리의 심리 상태와 내면적 처지에 비추어 볼 때, 자기 기만이 발생하는 이유만큼은 어느 정도 정확하게 짐작할 수 있을 것이다.

자기 기만이 내면에 자리 잡는 이유는, 우리가 그리스도 앞에서 자신과 그리스도 사이에 부와 유명세, 실적이나 관록 등과 같은 어떤 자랑스러운 조건들을 수없이 끼워 넣기 때문이다. 라오디게아 그리스도인들의 예를 든다면, 그들은 부, 모직 산업, 의약품 등 자랑스러운 조건들을 늘 자신의 일부로 붙들고 있었다. 이것이 아예 마음의 습관처럼 되어 있어서 심지어 그리스도께 나아갈 때에도 이런 것들을 앞세우게 되었던 것이다.

우리도 라오디게아 그리스도인들과 크게 다르지 않다. 왜냐하면 우리 역시 우리의 사회적 신분, 외적 조건, 높은 직책과 호칭 등을 그대로 질질 끌고서 그리스도께 나아가곤 하기 때문이다. 그리스도께 나아간 그 존재는 실로 자기의 공로, 업적, 관록, 활동 경력 등으로 자신을 두텁게 포장한 그런 모습이다.

이러한 모습이 얼마나 왜곡되고 비정상적인 것인지 한 번 기독교 신앙의 뿌리에 내려와 살펴보자. 우리가 어떻게 의롭다 함을 받게 되었는가? 우리는 본래 죽어 마땅한 죄인들이었다. 그런 우리가 그리스도를 믿는 믿음으로 말미암아 주님과의 연합을 누리게 된 것이 아닌가? 하나님께서 우리의 공로나 어떤 자격과 조건 때문이 아니라 그리스도 때문에 우리를 의롭다 여기신 것이다. 우리가 할 일은 그저 "빈 손 들고 앞에 가 십자가를 붙드는" 것 말고 무엇이 더 있겠는가? 거기 어디에 사회적 신분이나 자랑스러운 조건이나 높은 직책이 끼어들 틈이 있겠는가? 거기 무슨 업적, 공로, 자랑거리가 머리를 디밀 수 있겠느냐는 말이다.

그런데도 우리의 실상은 그렇지가 않다. 우리는 목사, 사장, 교수, 박사, 전문가, 유명 인사로서 하나님 앞에 나아간다. 이런 신분을 빙자하여 사람들 앞에 젠체하던 습관을 버리지 못하더니 이제는 하나님 앞에서까지도 치졸한 게임을 자행하고 있다. 그야말로 아무것도 되지 못했으면서 된 척하는 교만과 위선, 위장된 자아의 모습, 곧 자기 기만의 모습이다.

우리는 자신의 업적, 관록, 경험, 학식, 공로, 선행, 희생적 활동 등을 전면에 내세우면서 하나님께 나아간다. 경건 훈련을 충실히 한 것, 몇 번씩이나 단기 선교에 참여한 것, 자신이 양육한 이들이 굴지의 리더로 두각을 나타낸 것, 짧은 시간에 교회를 부흥시킨 것 등등 우리가 휘감고 다니는 자랑거리들이 화려하면 화려할수록 자기 기만의 수위 또한 높아지고 만다.

개인적으로 내세우고 싶은 자랑거리들을 부여잡고 있는 한, 그런 조건들은 우리를 자기 기만으로 옭아매는 저주의 사슬이 될 것이다. 이는 실로 가공할 만한 일이다.

자기 기만의 영적 실상

누가복음 18장에 등장하는 바리새인이 자기가 의롭다고 믿었지만 그렇지 못했다9, 14절. 이처럼 라오디게아 그리스도인들이 자기들을 가리켜 "나는 부자라, 부요하여 부족한 것이 없다"라고 했지만, 이는 사실이 아니다. 그들의 영적 실상은 비참하기 짝이 없었는데, 이는 그들에 대한 주님의 평가를 보면 알 수 있다.

주님은 라오디게아 그리스도인들의 상태를 다섯 가지로 묘사하셨다. "곤고한 것", "가련한 것", "가난한 것", "눈먼 것", "벌거벗은 것"이 바로 그 내용이다. "곤고한 것"은 불행한 형편을 의미하고 "가련한 것"은 남의 동정을 살 만한 처지를 뜻한다. 이 두 어구는 동일한 상태에 대한 보완적 표현으로 이해할 수 있을 것이다.

눈길을 끄는 것은 그 다음에 나타나는 세 가지 사항이다. "가난한 것", "눈먼 것", "벌거벗은 것"은 앞에서 소개한 "곤고한 것"(혹은 "가련한 것")이 구체적으로 무엇인지 보여 준다. 그들의 곤고한 형편, 불쌍한 처지는 '가난함', '눈멈', '벌거벗음'으로 구성되어 있다는 것이다. 그들은 실상 가난했고, 눈이 멀었으며, 벌거벗고 있었다. 이런 어구들이 일종의 아이러니인 것은, 라오디게아가 원래 보유한

훌륭한 조건들에 역행하는 표현들이기 때문이다.

영적 실상이 이렇게 참담한데도 라오디게아 그리스도인들은 그런 것들을 "알지 못하고" 있었다17절. 자기 기만 때문에 영적 인식이 흐려져 자신들의 영적 실태를 파악하지 못하고 있었던 것이다. 그들은 주님께 나아갈 때에도 자신들의 금융업, 의료업, 의술, 모직업 등을 끌어 안은 채, 부자로서 치료가로서 기업가로서 나아갔던 것이다.

그들이 부를 앞세우고 브리기아 안약을 자랑하고 광택성 흑모로 만든 모직물로 몸을 감쌌지만, 그렇게 하면 할수록 영적 처지는 더욱 비참해져서 가난하고 눈멀고, 헐벗은 상태만이 드러날 뿐이었-다. 그들을 제외한 온 세계가 이것을 알고 있는데 그들만 자신들의 비참한 상태를 모른 채 부요를 노래하고 있었으니, 이 얼마나 황당하고 안타까운 일인가?

자기 기만을 일삼는 자들에게서 볼 수 있는 영적 비참성이 어디 라오디게아 그리스도인들에게서만 발견된다고 할 수 있을까? 오늘날 많은 그리스도인들도 그들처럼 가난하고 눈멀고 벌거벗은 상태에 머물러 있다. 안정적인 직업을 가지고 신앙 공동체에서 왕성하게 활동하면서 마음은 부요할지 모르지만, 실상은 공허하기 짝이 없다.

판촉 경쟁에서 튀는 아이디어와 창의적 발상으로, 또 침체한 교회 사역에 활기를 불어 넣는 비법을 깨달았다며 자랑한다. 하지만 마음의 눈은 오히려 어둡기만 하다. 그들은 전자 방범 시스템과 위기 대처술로, 화려한 세공 장식과 최신 유행하는 의상으로 몸을 아름답게 감쌌다고 자부한다. 하지만 실은 어리석은 임금님처럼 벌거벗은 채 수치를 드러내고 있을 뿐이다. 그들이 속으로 "나는 풍성하다. 나는 안목이 있다. 나는 든든하다"라고 수없이 뇌까리는 동안 지독한 결핍과 맹점과 적신(赤身)의 상태가 그들을 비웃고 있다.

자기 기만을 치유하는 빗나간 방법들

어떻게 하면 이렇듯 집요한 자기 기만의 마수로부터 벗어날 수 있을까? 또 어떠한 예방적 조치를 취함으로써 우리의 심령이 자기 기만의 비참한 희생물이 되지 않을 수 있을까? 먼저 온당하지 않은 치유법부터 소개하고자 한다.

세상 일을 멀리하자

어떤 그리스도인들은 자기 기만의 치유나 예방을 위해서는 그들의 심령에 영향을 준 근본적 원인부터 제거해야 한다고 생각한다. 그래서 되도록 이런 것들을 멀리하고, 또 꼭 필요하지 않으면 직업 활동을 최소화하는 것이 최상의 해결책이라고 공공연히 주장한다.

물론 일리 있는 말이다. 어떤 특정 그리스도인의 영적 처지와 상황에 따라서는 이러한 항목들과 소위 '세상 일'을 멀리하는 것이 해답일 수도 있다. 그러나 그것은 근본적이고 원칙적인 해결책은 아니다.

왜냐하면 우리가 세상 삶을 멀리하고 믿음의 공동체에만 착념한다고 해도, 역시 거기에서도 자기 기만을 야기할 수 있는 사역의 성과와 신앙적 업적 등의 문제는 여전히 존재하기 때문이다. 자기 기만이 더욱 치명적 피해를 주는 것은 어쩌면 오히려 종교적 영역에서 만나는 사안들일 수도 있다.

자, 그러면 어떻게 해야 할까? 성경은 이 문제와 관련하여 다음과 같은 시각을 가르친다. "하나님이 지으신 모든 것이 선하다"딤전 4:4. 그렇다면 문제는 하나님이 만들어서 누리게 하시는 자연 세계와 각종 문화 활동에 있는 것이 아니고, 그러한 대상에 대해 견지하는 우리의 마음 자세에 있다. 이것을 라오디게아 그리스도인들의 경우와 연관시킨다면 다음과 같이 된다.

문제의 핵심은 재물, 약품, 모직물, 금융업, 의술, 모직 산업에 있는 것이 아니다. 다시 말해서 이런 항목들 자체는 죄 된 것이 아니다. 이것들에 대해 우리가 어떤 마음을 품느냐에 따라 우리의 활동과 직업적 노력의 정당성 여부가 결정된다.

하나님만 주인으로 모시고 이런 것들을 활용한다면 이런 항목들은 의의 수단이 될 것이다. 그러나 자기가 주인이 되어 탐욕스런 마음으로 이런 것들을 좌지우지하고자 한다면 이런 항목들은 죄악의 병기가 될 수도 있다.

모든 일을 배설물로 여기자

그러나 어떤 이는 아직도 의문을 표할지 모르겠다. 특히 바울 사도의 간증에 의거해 볼 때 그의 의문은 더 정당화되는 것처럼 여겨진다.

> 그러나 무엇이든지 내게 유익하던 것을 내가 그리스도를 위해 다 해로 여길뿐더러 또한 모든 것을 해로 여김은 내 주 그리스도 예수를 아는 지식이 가장 고상함을 인함이라. 내가 그를 위하여 모든 것을 잃어버리고 배설물로 여김은 그리스도를 얻고 _빌 3:7-8.

분명 바울 사도는 과거에 자신이 자랑하던 사회적·종교적 조건들을 이제는 해와 배설물로 여긴다고 했다. 따라서 우리도 세상에서의 활동과 직업적 노력에 연관되는 조건들을 버려야 마땅치 않겠느냐는 것이다.

이 시점에서 우리에게 필요한 바는 하나님과 친밀한 관계를 형성하는 일[A]과 하나님의 선한 뜻을 실현하는 일[B]을 구별하는 것이다. 우리의 세상적·신앙적 조건이 A와 관련해서는 아무런 기여를 할 수가 없다. 그러나 B의 경우에는 오히려 우리의 재능, 조건, 은사를 통해서 그것이 이루어진다.

A는 우리가 하나님을 예배하고 하나님께 나아갈 때 필요하다. B는 우리가 신앙 공동체와 이 세상에서의 활동과 연관해서 필요하다. 그렇다면 자기 기만은 주로 A와 연관되어 발생한다고 할 수 있다. 세상적·신앙적 조건이 사역 및 활동과 관련하여 꼭 필요한 수단임에는 틀림이 없다. 그것이 하나님의 선한 뜻을 드러내는 수단이라는 것을 아무도 부인하지 못할 것이다.

그러나 그리스도께 나아갈 때 A의 경우는 그런 것들이 아무 소용이 없다. 그런 조건들을 내세우면 오히려 자기 기만을 활성화시키는 것이 되기 쉽다. 따라서 우리 자신을 그런 조건들로부터 분리시킨 채 그저 가난하고 어두컴컴하며 벌거벗은 한 죄인으로서 하나님 앞에 서야 한다.

자기 기만을 옳게 치유하는 법

자, 그럼 이제 원래 문제로 돌아가자. 어떻게 하면 자기 기만을 예방하고 치료할 수 있을까? 조금 전 설명에 의하면, A에 있어서 우리가 취해야 할 태도는 무엇일까? 요한계시록 3장 18절에 힌트가 있다. 18절 처음에 보면 "내가 너를 권하노니"라고 되어 있어, 주께서 자기 기만의 문제와 관련하여 모종의 권면을 하고 계시다는 것을 짐작할 수 있다. 그렇다. 주께서는 세 가지 방안을 말씀하고 계신다.

영적 부요를 추구하라

첫째, "불로 연단한 금을 사서 부요하게 해야" 한다. 재화와 부와 금융업 때문에 부요함을 누리는 것처럼 자신을 속여서는 안 된다. 재물 대신 오히려 그리스도를 믿고 신뢰하는 것만이 진정한 영적 부요임을 깨달아야 한다.

> **자기를 위하여 재물을 쌓아두고 하나님께 대하여 부요치 못한 자가 이와 같으니라**_눅 12:21.

> 네가 이 세대에 부한 자들을 명하여 **마음을 높이지 말고 정함이 없는 재물에 소망을 두지 말고** 오직 우리에게 모든 것을 후히 주사 누리게 하시는 **하나님께 두며**_딤전 6:17.

> 내 사랑하는 형제들아 들을지어다! 하나님이 세상에 대하여는 가난한 자를 택하사 **믿음에 부요하게 하시고** 또 자기를 사랑하는 자들에게 약속하신 나라를 유업으로 받게 아니하셨느냐?_약 2:5

주님 자신으로 옷입으라

"흰옷을 사서 입어 벌거벗은 수치를 보이지 않게 해야" 한다. 모직물과 직물 산업이 우리를 보호하고 우리의 됨됨이를 만들어 주는 것으로 잘못 생각해서는 안 된다.

주께서 주시는 흰 옷을 입어야 한다. 아니 사실 그리스도 자신으로 옷 입어야 한다.

> 오직 **주 예수 그리스도로 옷 입고** 정욕을 위하여 육신의 일을 도모하지 말라_롬 13:14.

> 내가 가로되, "내 주여 당신이 알리이다" 하니 그가 나더러 이르되, "이는 큰 환난에서 나오는 자들인데 **어린 양의 피에 그 옷을 씻어 희게 하였느니라**"_계 7:14.

> **그 두루마기를 빠는 자들은 복이 있으니** 이는 저희가 생명나무에 나아가며 문들을 통하여 성에 들어갈 권세를 얻으려 함이로다_계 22:14.

마음의 눈이 밝아지도록 하라

"안약을 사서 눈에 발라 보게 해야" 한다. 브루기아 안약과 의술이 영적인 눈까지 뜨게 하리라고 착각해서는 안 된다. 우리는 원래부터 영적 소경임을 인정하고 오히려 빛이신 예수께서 그 눈멂을 고쳐 주십사 간원해야 한다. 그리하여 마음의 눈이 밝아져 늘 주님을 밝히 볼 수 있고, 영적 진리를 깨달을 수 있도록 되어야 한다.

> 예수께서 가라사대, "내가 심판하러 이 세상에 왔으니 **보지 못하는 자들은 보게 하고 보는 자들은 소경 되게 하려 함이라**" 하시니_요 9:39.

> 어리석도다! 갈라디아 사람들아! **예수 그리스도께서 십자가에 못 박히신 것이 너희 눈앞에 밝히 보이거늘** 누가 너희를 꾀더냐?_갈 3:1

> **너희 마음 눈을 밝히사** 그의 부르심의 소망이 무엇이며 성도 안에서 그 기업의 영광의 풍성이 무엇이며 그의 힘의 강력으로 역사하심을 따라 믿는 우리에게 베푸신 능력의 지극히 크심이 어떤 것을 **너희로 알게 하시기를** 구하노라_엡 1:18-19.

이렇게 주께서 베푸시는 금, 흰 옷, 안약을 취하고 입고 바를 때에야 비로소 자기 기만이라는 부끄러운 행위를 그만둘 수 있다. 왜냐하면 주께서 베푸시는 신령한 수단들이 있어야만 부요하고, 징결하며, 선명한 시각을 소유할 수 있기 때문이다. 이것만이 자기 기만을 극복하는 유일한 길이다.

한편 우리는 하나님께서 허락한 선물들을 부지런히 활용하여 하나님의 선한 뜻을 이루어야 한다. 그러나 주 앞으로 나아갈 때마다 우리는 그 모든 것들을 내려놓아야 한다. 오직 주께서 주시는 부요와 의복과 안약만을 사모해야 한다.

생명의말씀사

사 | 명 | 선 | 언 | 문

> 너희가 흠이 없고 순전하여……세상에서 그들 가운데 빛들로
> 나타내며 생명의 말씀을 밝혀 (빌 2:15-16)

1. 생명을 담겠습니다.
만드는 책에 주님 주신 생명을 담겠습니다.
그 책으로 복음을 선포하겠습니다.

2. 말씀을 밝히겠습니다.
생명의 근본은 말씀입니다.
말씀을 밝혀 성도와 교회의 성장을 돕겠습니다.

3. 빛이 되겠습니다.
시대와 영혼의 어두움을 밝혀 주님 앞으로 이끄는
빛이 되는 책을 만들겠습니다.

4. 순전히 행하겠습니다.
책을 만들고 전하는 일과 경영하는 일에 부끄러움이 없는
정직함으로 행하겠습니다.

5. 끝까지 전파하겠습니다.
모든 사람에게, 땅 끝까지, 주님 오시는 그날까지
복음을 전하는 사명을 다하겠습니다.

생명의말씀사 서점안내

광화문점 110-061 종로구 신문로 1가 58-1 구세군 회관 2층
TEL. (02) 737-2288 / FAX. (02) 737-4623

강 남 점 137-909 서초구 잠원동 75-19 반포쇼핑타운 3동 2층 전관
TEL. (02) 595-1211 / FAX. (02) 595-3549

구 로 점 152-880 구로구 구로 3동 1123-1 3층
TEL. (02) 858-8744 / FAX. (02) 838-0653

노 원 점 139-200 노원구 상계동 749-4 삼봉빌딩 지하1층
TEL. (02) 938-7979 / FAX. (02) 3391-6169

분 당 점 463-824 경기도 성남시 분당구 서현동 269-5 서원프라자 서현문고 서관 4층
TEL. (031) 707-5566 / FAX. (031) 707-4999

신 촌 점 121-806 마포구 노고산동 107-1 동인빌딩 8층
TEL. (02) 702-1411 / FAX. (02) 702-1131

일 산 점 411-370 경기도 고양시 일산구 주엽동 83번지 레이크타운 지하 1층
TEL. (031) 916-8787 / FAX. (031) 916-8788

의정부점 484-010 경기도 의정부시 금오동 470-4 성산타워 3층
TEL. (031) 845-0600 / FAX. (031) 852-6930

파 주 점 413-012 경기도 파주시 금촌 2동 68번지 송운빌딩 2층
TEL. (031) 943-6465 / FAX. (031) 949-6690

인터넷 서점

http://www.lifebook.co.kr